致 謝

　　大學三年才考上、建築系讀五年才畢業，建築師考一年，有這種經驗的人應該不多。與建築的緣，也許每個人都有他的曲折與意外。建築師開業那年，本來有計畫十年後要自我充實讀讀研究所，時間，每一秒，竟像太空梭一樣流逝，而且不再。轉眼已二十二年。能讀北京清華大學研究所，也是意料之外。

　　2013 年 2 月元宵過後，飛越 2000 公里，坐在建築系的教室裡上著英文課，窗外，忽然竟飄起細雪，白雪紛飛，飄呀飄，飄進人的心嵌裡。對身處亞熱帶臺灣從未見過雪的我而言，這輩子第一次的經驗，竟是如此的美好，內心是難以言喻、難以忘懷的感動，更尤其在二十幾年之後能重回學生的身分。

　　帶著這份難以言喻、難以忘懷的感動：要感恩指導老師王貴祥教授，老師一針見血、字字珠璣的珍貴指導，讓我的論文受益匪淺，深厚的學養及學德也令我刻骨銘心。帶給學生「富貴吉祥」、指導「文成公主」的探源同樣銘記我心。

　　要感恩系裡每位老師非常宏觀而深入課席指導，對我的建築生涯而言真是大開眼界且感動，能學習到各科的精華。也要感恩系裡每位行政老師的熱心協助，讓我們方便很多。殊勝因緣，也要感恩我同班的建築師同學們，各有年紀，各忙事業還能相遇在這班，還有陸建築師及三班的張建築師等等。

　　要感恩慈濟的同仁及師兄、師姊們，給我良多的建議及鼓勵。感恩事務所同仁，在這段時間的包容。要感恩我的家人，父親、2013 年 2 月（農曆 12 月 24 日送神日）告別我們的母親、二個女兒、妻子玉文，沒有他們始終的支持，我不可能成行。

　　最後，還要感恩我的師父，啟發我慧命的證嚴上人。以及，感恩同樣「慧」我良多的印順導師，及本師釋迦牟尼佛。

　　還有，如果沒有這些「慈濟人」及其建築的作為，本論文不可能發生。我的論文真正只是雕蟲，所以，還要感恩這些默默始終在「做就對了」的慈濟人、慈濟以外的善心人、慈濟緣、順緣、及逆緣。

　　開一扇門，向有緣人（建築人、非建築人），在大陸、在臺灣、在全球的，透過建築、透過慈濟、透過佛教，一起找到我們最原始的、清淨的本心，一步步。這是論文的起心。

　　本論文是我的懺悔文。感恩！無限感恩！每個相遇的因緣，因為本論文。

謹以此文，獻給在天上的媽媽菩薩。

謹以此文，獻給慈濟即將的五十周年。

林文成 恭敬合十

2015 年 3 月 19 日

＊本書出版還要感謝校對志工章麗玉、林芳臻師姐，及經典雜誌同仁用心。

建築的文化功能

　　房屋建築的實用功能是遮風擋雨，住人、辦公的場所，但如果在設計、建造中注入相應的文化元素，則會成為一件精美的藝術作品，更是一件激起文化認同的顯著標誌物。由此言之，房屋建築作為一種文化載體、文化認同的功能，比之其遮風擋雨，住人、辦公的實用功能，具有更深遠的意義。因此，研究建築與文化的內在聯繫，研究建築中承載著的文化內容，研究建築給人們帶來的文化認同感和潛移默化的感染力等等，是非常重要和有意義的建築文化課題。

　　林文成先生是臺灣佛教慈濟功德會的一位建築師、慈濟人，多年來參與慈濟建築物的設計和建設，其間一直關注著慈濟建築物中所體現的佛教精神和慈濟理念的問題，為此還北上就讀清華大學建築學院研究生，專門研究慈濟建築，並寫成了《慈濟建築及其宗教精神》的論文。

　　慈濟功德會的建築是一群很有特色的建築體，特別是其中的「靜思堂」、「靜思精舍」這類建築。林文

成先生在論文中，通過對佛教精神、證嚴上人創立慈濟功德會的理念，以及慈濟 50 年的歷史和實踐等分析，歸納出慈濟建築應體現宗教精神，這樣一個明確的認識。作者認為，慈濟建築，彰顯了佛教「慈悲為懷，濟世救人」的菩薩精神。論文分析說：慈濟建築的外觀，「如出家人的衣服僧袍」，「提醒慈濟人儉樸」。慈濟建築的「人字」屋頂，是「合」字的意思，「是出世『六和敬』，是入世『家和萬事興』的和合期待」等等。而建築內部的布局，如「靜思堂的回字平面」，與傳統佛寺格局不盡相同，那是「應因時代、應因社區、應因『菩薩訓練場』需要的『內修外行』格局」，「內回講堂的精神空間，不是傳統佛龕，是『人間佛教』縮影的人間舞臺」。這些論述，讓人們對慈濟建築的文化內涵、宗教精神有了清晰的認識和深刻的體悟。

　　蒙林文成先生抬愛，在他這篇論文正式出版時，希望本人寫上幾句話，於是就有了以上這些感想，以為導讀。

北京 北京大學宗教文化研究院名譽院長　樓宇烈

2017.10.4 中秋節

慈濟在建築的顯相

　　本書作者林文成，是一位在臺灣執業超過 25 年的實踐建築師，設計作品涵蓋住、商、辦、學校、工廠、加油站、廟宇等各類建築，涉獵範圍包含室內設計、景觀設計及都市計畫等，經驗豐富，興趣廣泛。他還是一位熱心公益事業的人士，早期對於公益性社會工作，不遺餘力地參與，之後，於 2003 年成為慈濟志工，參與慈濟四大志業及組隊活動，工作十分投入，在人文關懷，佛法弘揚，以及救助癌症病人諸領域，尤是長期用心。

　　本次出版之《慈濟建築及其宗教精神》一書，原是林文成在清華大學學習期間，由本人指導的碩士研究論文，內容深具價值。作者雖從業多年，仍好學受教，學習十分用功刻苦。且研究頗具主動性，論文選題直指慈濟建築研究，令人印象深刻。

　　本書主題，圍繞在當代臺灣、大陸及世界各地有廣泛影響，駐錫臺灣東部花蓮市慈濟的證嚴法師，及由證嚴法師創辦的慈濟基金會在臺灣及世界各地捐資修

建的學校、醫院等慈善公益性建築中所體現的宗教精神。結合充分建築實例，進行了十分深入與全面的梳理與分析。

作者先對證嚴法師之生平，創辦慈濟基金會之歷史，以及慈濟參與的各種慈善救助活動，慈濟的組織構成諸方面，加以敘述與探究，使讀者對於慈濟基金會這樣的臺灣佛教慈善機構，及其秉持的宗教理念與社會救助精神有一個較為全面而深入的認識。

在此基礎上，作者將主要筆墨放在慈濟所創造的建築作品上。不同於一般宗教機構之僅僅關注宗教建築本身，慈濟所創建的建築，既包括一般性佛教場所，也包括教育、醫療等社會慈善性建築。對這些建築之建造過程，作者進行了梳理分析，使人對慈濟建築之內涵有了一個較為全面的瞭解，同時，從建築學的角度，對慈濟建築的一些典型案例進行了分析與評價。書中所選案例，包括了教育、醫療、宗教修習等不同類型，作者對每一種類型的實例都做了較為充分而細緻的分析。

在有充分實例分析的基礎上，作者又將關注點回歸到論文選題的主旨，即慈濟建築中所體現的宗教精神，

以及佛教以慈悲為懷，普度眾生的宗教思想，對慈濟建築在功能、形式上，所產生的可能印痕加以探究，並由此而對慈濟建築對其他類型建築創作可能產生之影響，也進行了深入而有見地的分析與研究。同時，還將慈濟建築從慈濟這個特例，映射到佛教之宗教性終極關懷之上，從而對當代建築創作應有之精神內涵及作用，起到一定揭示作用。作者還透過這一研究，特別深入到建築以外的形而上思考，如作為一個人，如何保持應有之內省與自覺。

　　本書既有實例，亦有一定理論分析，對相關論證還搜集了廣泛而充分的資料以資印證，故而使得全文論述，具有較強說服力，顯示了作者所具有的學術水準。對於想要瞭解慈濟，瞭解慈濟建築，從而「藉事解理」，瞭解佛教宗旨與佛教精神如何在當下社會得以落實之問題，這本書做了非常好的探索。基於如上原因，本人願意為之作序，以示薦舉之誠。

北京 清華大學建築學院教授　　王貴祥

評語 I

　　1966 年證嚴法師在臺灣創立「佛教克難慈濟功德會」，在世界範圍內推進慈善事業，同時修建了大量的教育建築、醫療建築和道場，形成獨特的「慈濟建築」類型。本篇論文的作者是來自臺灣的執業建築師，選擇慈濟建築及其宗教精神為研究物件，具有重要的學術意義。

　　論文在大量調查和資料搜集的基礎上，對證嚴法師生平、慈濟會的歷史、組織、宗教精神與內涵進行闡述，綜述慈濟建築的分布、類型與歷史，重點對杉林大愛園區、南投集集國小、臺中慈濟醫院、東勢靜思堂、花蓮靜思精舍五個典型案例進行分析，繼而探討宗教思想對其具體影響，以及對現代建築創作的啟示，最後得出自己的結論。

　　作者對臺灣現代佛教建築的相關專業知識有較為全面的掌握。論文文字流暢，圖表豐富。對若干問題有自己獨特的見解，對中國當代建築設計有很好的參考價值。

北京 清華大學建築學院教授　**賈珺**

評語 II

　　作者根據個人經歷及其對佛教的認真修習、深刻領悟，選擇以佛教慈悲為懷、大愛的精神興建慈濟建築，又以慈濟建築實現慈善、賑災、醫療、教育等功能和目標來弘揚佛教精神作為論文主題，論述這一特殊類型的慈濟建築與佛教精神之間的關聯與相互影響，選題視角獨特，具有現實意義和社會文化價值，具有向善的正能量。

　　論文以大量實例，詳述了活躍在臺灣當今的「人間佛教」一支，近五十年來在臺灣、大陸及世界各地無私幫助貧困地區和遭受自然災害地區，援建慈濟建築，包括慈善賑災的「大愛屋」、「希望工程」、醫院、學校及佛教修行場所等類型，及時送溫暖、救苦救難。慈濟建築「順應現代」和「配合機能」，雖未延續傳統的佛教建築形式，但是依照佛教精神創立了自成一體的平面布局、立面造型以及顏色、材料等有特別要求的新一類型的佛教慈善建築──慈濟建築，反映其與時俱進的新意和佛教本能與本性。

論文引申佛教精神影響到建築設計，提出「專心」、「用心」、修行的「心」、自覺的「心」去工作，並要嚴於律己、加強責任、奉獻愛心，這在當下是十分可貴、可需要的。

　　論文構架合理，緊扣主題，條理清晰、文字流暢，實例豐富，表述規範。

　　論文體現了作者豐富的工作閱歷、心路歷程和精神追求，具有良好的學術水準。

中國文化遺產研究院教授　張之平

摘要

　　佛教是世界三大宗教之一。中國的佛教徒不少。佛教 2500 年，從印度東傳至中國，再東渡到臺灣。佛教此時再次發揚，尤其「人間佛教」，在臺灣宣流，慈濟是其中一支。

　　1966 年「佛教克難慈濟功德會」成立。慈濟已在全球 50 國設 527 個據點。據點的建築總會呈現出屬於慈濟的特色，讓很多人一眼即知「這是慈濟蓋的」，為什麼？

　　慈濟「親手遍布施」的援助行動已遍及 87 國，內容不乏提供災民「抵抗風雨的遮蔽物」，這是基於何種心態？與宗教精神相關？如何相關？都是本論文想探討。據點建築（志業體類、志工類），以及援助建築（賑災類），是論文前期所釐析出的二條主要脈絡。

　　執業 20 年，似乎越忘記 20 年前自己對「建築」的初衷。面對慈濟這樣一個宗教團體的建築作為，建築師自己能否也像面對很多大師的作品，也帶給自己一些啟發？

論文的研究方法，不是小題大作的方式深入；是自不量力的「大海撈針」。試圖深入撈出慈濟建築這大海當中，數根或一根針的核心。廣泛調查，盡可能搜集所有 87 國的建築做為基礎，整理分析以建築圖配置、平面、大樣，立面、剖面思考模式瞭解。讓建築自然、「不證自明」的歸納出慈濟建築屬於宗教精神的這一塊。如佛所言：一切眾生本來就有與佛同等的智慧德相。

　　要「自明」，靠一棟或一類建築恐有難度，因此論文前段對「大海」的敘述就變得必須。

　　論文的方法，先事相後理相，先慈濟後建築，先眼睛後心識，同於建築人習慣的建築體驗。也希望讓論文能論到應有的深廣度，卻不難讓一般人理解。

　　慈濟建築，來自佛教、來自《妙法蓮華經》。慈濟的建築外觀，如出家人的灰色僧袍。洗石子的分割線是條布的縫合線。衣服的顏色提醒出家人減少貪欲，建築的外觀提醒慈濟人儉樸。人字屋頂是合字屋頂、是出世「六和敬」、是入世「家和萬事興」的和合期待。「三寶」位置至高。「靜思堂」的回字平面，不是中國傳統的佛寺格局，是因應時代、因應社區、因應「菩

薩訓練場」需要的「內修外行」格局。內回講堂的精神空間，不是傳統佛龕，是「人間佛教」縮影的人間舞臺，及主牆上的「宇宙大覺者」。

大海中有很多根重要的針，最重要的針：是菩薩的心、行，是「慈」悲為懷「濟世救人，是用修行的心行善助人。慈濟建築彰顯了這一個核心的重要。

建築可以不是東西，供人「諸惡皆作」；建築可以是商品，唯利是圖；建築可以是產品，只供人遮風蔽雨；建築可以是作品，像建築大師們的藝術傑作；建築可以是法品，具人文教化、宗教精神、且供人「眾善奉行」。建築師，要讓自已的建築做什麼？

需要自覺！

存乎一心！

關鍵字：慈濟建築；宗教精神；佛教精神

Abstract

Buddhism is one of the three major religions in the world. It is particularly prevalent in China where there are hundred of thousands of practicing Buddhists. The history of Buddhism stretches back, across more than 2500 years, originating in India before spreading eastwards and migrating through China and on to Taiwan.

In modern times Buddhism has experienced a revival due to the blossoming of the Humanistic school of Buddhism. Tzu Chi is the one of the main proponents of this Humanistic Buddhism.

Founded in 1966, Tzu Chi has established a presence in 50 countries, with 527 divisions. Its efforts span many areas, including that of architecture, where Tzu Chi displays a unique and easily recognizable style, familiar particularly to those involved in humanitarian relief.

Their efforts are a phenomenon worthy of discussion, especially when considering the broad scope of Tzu Chi's humanitarian relief actions, which have come to the aid of communities at risk in some 87 countries, to date. Among Tzu Chi's major missions has been to provide victims -

whether those internally displaced, refugees or who have suffered due to natural disasters - with frontline housing to shield them from wind and rain.

Among the variety of buildings that Tzu Chi has designed and provides during refugee assistance operations, there are two main types. The first is a basic structure, the purpose of which is to shelter volunteers during the relief operation; the second is an accommodation designed to house the refugees - with their specific needs - themselves. Though differing in function, these two types of buildings are elements of a binary initiative and a thread of thought that is analyzed in this thesis.

Tzu-Chi architecture originates from Buddhism, drawing its inspiration, specifically, from the Saddharmapundarika-sutra. This concept of Tzu Chi architecture adopts and adapts as its motif the monk's gray robe. This is seen as symbolizing thriftiness. Tzu-Chi architecture intentionally promotes this concept of a humble and devoted life - through form and materials - as a reminder and inspiration to Tzu-Chi volunteers. The shape of the Ren character (in Chinese, 'Ren' means 'human') used most powerfully in Tzu Chi roof construction, represents harmony. Unlike traditionally styled Chinese temples, the square-shaped design of the Jing-Si Adobe is congruous to modern society, both visually and functionally, and is frequently utilized by the general community and as a venue to train volunteers.

This thesis wishes to discuss two questions:

a) Why is the building of houses for refugees always the main project in any Tzu Chi relief mission? We argue that this is possibly related to religious sentiment and assumptions such as the spirit of mercy inherent in Buddhism.

b) How are these above areas - broadly speaking, architecture and Buddhism - linked?

The research material in this thesis comprises a collection of building plans from examples of Tzu Chi architecture in 87 countries. Initial results of the analysis lead to an implication that Tzu Chi architecture belongs to the realm of the religious spirit, and that this is proof of what Buddha said:

'Everyone on earth is born with the same wisdom as Buddha.'

Key words: Tzu Chi architectures; religious spirit; Buddhist spirit

目 錄

────────── 本書為作者北京清華大學建築學院畢業論文（2015 年 6 月）──────────

證嚴法師，慈濟歷史、組織、精神及宗教內涵

儘管，慈濟在這地球上立足已近50年、行善足跡也踏遍近90個國家，仍然，有很多人不知道或不認識慈濟。慈濟建築，與其起造人——慈濟，乃至起造人的創辦人——證嚴法師，是這樣的相關密切。因此，要談論慈濟建築，先對慈濟建築的起造人做一個基本而完整的敘述是必須的。

15

證嚴法師
慈濟的創辦人

出家前

1937 年，證嚴法師於臺灣省臺中縣清水鎮出生。因法師的叔叔膝下無子，所以當時就過繼給叔叔、叔母撫養。法師 23 歲時，因為父親腦中風驟逝，為了探索父親往生後的去處，促成法師接觸佛法的因緣。

出家

1963 年 2 月，法師拜印順導師 ①〔1〕為親教師父。導師為其取法名「證嚴」，字「慧璋」。並給予：「為佛教、為眾生」的殷殷期勉。

「為佛教、為眾生」六字從此成為法師一輩子信受奉行的圭臬。當法師受完比丘尼具足戒，之後，回到花蓮就住進佳民村普明寺後方，一位許老居士為法師「建築」的木板小屋。

小木屋長 3.9 米、寬 3 米，面積不到 3.6 坪。格局以前方佛堂為主，後方臥室床鋪連走道 139 公分寬，床鋪正上方的空間一部分利用為前方佛堂佛龕。前門高度連

■ 1963年，證嚴法師在花蓮小木屋清修，研讀、抄寫、禮拜《法華經》（上圖）。
小木屋分為兩部分：前面是佛堂，後面是法師休憩處。花蓮慈濟志業園區的複
製小木屋，再現法師當年堅心修行場景（下圖）。*（上／慈濟基金會；下／戴龍泉攝）。*

門檻 188 公分，後門高度連門檻僅 147 公分。故進出後門需彎腰。法師每天生活在這小木屋裏，一字一拜，禮拜《法華經》，研究法華教義、每天淩晨 1 點起床早課，每天誦《法華經》，每月寫一部《法華經》。法師回憶，當時生活非常窮困，自己沒有任何供品可以供佛，因此每月做大回向時，是以燃臂方式供佛，來回向給眾生。

慈濟邁入第五十年

成立克難慈濟功德會

　　1966 年，對所有的慈濟人而言是很重要的一年。因為那時候：

　　一、印順導師應聘至文化大學授課，嘉義「妙雲蘭若」需要有人主持，印順導師希望弟子證嚴法師能去嘉義；同時在花蓮，法師的 30 位信徒則聯名挽留，希望法師能留在花蓮，法師陷入兩難的取捨。

　　二、那年的某一天，法師去鳳林某家診所探視弟子的父親，看到診所地上留有一灘血跡。向人打聽，得知，這灘血是不久前有位原民婦人難產，因為付不起八千元的保證金，所以未接受治療就離開時所遺留下來的。法師聽了，為那位婦女及窮人的遭遇感到悲慟萬分，因此

下定決心，要設法籌募善款，為貧病無依的東部同胞盡分心力。

三、同一時間，海星中學有三位修女來拜訪法師，他們談宗教、談人生，進而辯論教義。修女問法師：「我們天主教，為普世愛人而建醫院、蓋學校、辦養老院；雖然佛教也說慈悲濟世，但請問佛教對社會有什麼具體貢獻？」修女的這句話，深深觸動了法師的心。因為佛教徒的愛心其實非常豐厚，可是當時佛教徒的行善皆以「無名氏」為之。佛教徒零散而缺乏組織，所以，法師決定將這股力量組織起來，做救人的工作。

為了救苦救難的大願，5月14日（農曆閏3月24日），證嚴法師於花蓮縣創立「佛教克難慈濟功德會」②〔1〕。從此，法師師徒6位每天增產一雙嬰兒鞋，並發給30位信徒每人一支存錢竹筒，在不影響每人生活的情況下，讓家庭主婦每天上菜市場前先省下5毛錢，投入竹筒做為慈善濟貧的救助金。

2015年5月12日（農曆3月24日），慈濟邁入第五十個年頭。

慈善志業——第一個十年

打開慈濟的歷史，就知道「慈濟以慈善起家」。簡化

的來說，慈濟的第一個十年主要在從事「慈善志業」。慈濟的志業始於慈善工作，1966 年慈濟功德會成立之初，即從慈善濟貧開始。而慈濟的慈善志業工作隨著經驗累積，逐漸建立起「急難救助」、「大型賑災」、「長期濟助」、「冬令發放」、「房屋修繕」等五大基本模式。此模式，至今依舊是最主要的慈善工作型態，其中即包含了居住困境的解決。

「長期濟助」、「房屋修繕」的慈善工作型態，例如1967 年 11 月在花蓮縣吉安鄉南華村，慈濟為孤苦老人李阿拋老先生建屋，這是功德會援建的第一間房子。李老先生獨居，住在破爛不堪僅 3 坪大的茅草房，雙眼失明，行動靠摸索，平日自行炊煮三餐。法師親自前往探視、瞭解。因為顧慮煮飯時萬一火星飛上茅草，恐怕屋毀人傷，於是功德會在草創艱辛時，仍然縮衣節食花費4200 元打造鐵皮屋頂、空心磚牆、5 坪大的新屋給李老先生住。此新屋，於李老先生往生之後，由廖火老先生接手。

又，慈濟與大陸的首次結緣，是在 1991 年華東水患的「急難救助」。之後，慈濟還協助甘肅、貴州的扶貧、建水窖、遷村，為四川地震的學校援建，完成「髓緣情」骨髓捐贈交流等等。

2004 年 5 月，「慈濟慈善志業中心有限公司」在蘇州成立，主要從事諸如殘疾人、低保戶救濟，愛心志工培訓，血液病患者更換造血幹細胞等，多項社會福利慈善事業。

至於，「慈濟慈善事業基金會」則是在 2008 年設立登記於大陸，這是大陸第一次通過境外非營利組織於其境內的登記。

2013 年 3 月，「蘇州慈濟志業園區」完工啟用，暨「蘇州慈濟健康促進中心」揭牌。

海外的慈善志業，則隨著 1985 年慈濟美國分會在加州立案，及之後全球各地分會或聯絡處的成立，本著「取諸當地、用諸當地」的原則就地推展開來。海外志業推展不易，較少 A 類「慈濟建築」。（A 類指新建建築，慈濟建築分類詳後）

醫療志業——第二個十年

慈濟成立的第二個十年，展開主要在「醫療志業」。在經過多年的社會救濟之後，法師發現社會上有很多「因病而貧」、「貧病相依」的現象。1972 年「慈濟貧民施醫義診所」在花蓮市開設，此舉，也開啟慈濟醫療志業中「醫療站」及「義診」的關懷方式。此時對醫療

志業尚無「建築」的想法，重點在解決病苦。

1978 年，法師計畫進一步成立醫院。此構想於 1979 年獲得印順導師贊同後，便著手進行籌畫。為了興建醫院，向當時臺灣省政府社會處申請成立「臺灣省私立佛教慈濟慈善事業基金會」。獲立案通過，也始得籌募慈濟醫院之款項。證嚴法師及慈濟委員，一方面在全臺發起「福田一方邀天下善士，心蓮萬蕊造慈濟世界」的募款、募心活動，另一方面也向政府尋求建院用地。建院用地取得過程非常坎坷，歷經三次換地，兩次動土，才終於在 1984 年 4 月正式興建。

花蓮慈濟醫院 1986 年 8 月正式啟業，奠立「守護生命磐石」的慈濟醫療志業的根基。2002 年花蓮慈濟醫院升格為臺灣東部第一家醫學中心等級的醫院，花蓮慈濟醫院從此成為全球唯一具有醫學中心等級以上的佛教醫療機構。

目前佛教慈濟綜合醫院，全臺除花蓮慈濟醫學中心，另有玉里院區、關山院區、大林院區、斗六門診中心、臺北院區、臺中院區。共 6 院、1 門診中心的硬體建築。

1993 年，美國佛教慈濟義診中心正式啟業，這是海外醫療志業拓展的第一步。目前在美國南加州、紐約、馬來西亞、印尼等多國及城市皆有相關醫療志業的義診中

心、健診中心、洗腎中心等。唯，海外醫療志業的據點，多用現有建築整修使用，較少新建的建築。

教育志業——第三個十年

慈濟成立的第三個十年，展開主要在「教育志業」。花蓮慈濟醫院於 1986 年啟業後，臺灣東部由於資源匱乏、交通困難，西部醫護人員願前來的極有限。法師為解決臺灣東部地區護理人才的欠缺，並希望培育出具慈悲心懷的優秀護士，於 1989 年開辦啟用「慈濟護理專科學校」（1999 年改制為「慈濟技術學院」）。「慈濟護專」是「慈濟建築」中「教育志業體類」建築的第一棟。

為了培育「視病如親」的良醫，及慈濟醫療志業體所需各類醫事人員，於 1994 年繼續在花蓮新建大學，創辦慈濟醫學院（2000 年升格為慈濟大學）。

2000 年，新建「慈濟大學實驗小學」及「慈濟大學附屬高級中學」。如此，建立了一個包括育嬰中心、托兒所、幼稚園、小學、中學、高中、專科、大學、研究所（含博士班）、乃至全球化社區推廣教育。從出生到老年教育整體連貫的終身學習教育體系，法師將它稱為「教育完全化」。

慈濟教育志業體辦學的共同理想和目標，是以「慈悲

喜捨」為校訓，以「尊重生命、肯定人性」為宗旨；以「品德教育、生活教育、全人教育」為目標。全人教育不僅是專業教育，更重要的，是要以愛為基礎，啟發人的「良能」，成就身心健全的完整人格。

「教育志業」在臺灣除花蓮以外，另在臺南並設有「臺南市私立慈濟高級中學」「臺南市私立慈濟小學」，及 2013 年 10 月教育部同意，正在籌設的「慈濟大學苗栗分部」。

海外，在泰國清邁有慈濟的國中、國小，在印尼有慈濟的高中、高職、中學、小學、幼稚園，在馬來西亞及吉隆坡則有以兒童教育為主的幼稚園、安親班，在美國則有小學、幼稚園。以及海內外的「社會推廣教育中心」。「社會推廣教育中心」屬大學附設部分，於各社區亦唯附設，並無新建的「慈濟建築」。此屬 B 類「慈濟建築」。（B 類指整建既有建築，慈濟建築分類詳後）

人文志業──第四個十年

慈濟成立的第四個十年，展開主要在「人文志業」。1967 年 7 月慈濟為了向捐款人徵信，正式發行第一份刊物《慈濟月刊》，這是慈濟人文志業的濫觴。

1996 年 1 月 1 日，正式將「慈濟慈善事業基金會」

載入網路，利用新科技的傳播利器，來發揚人性的真善美。至 1998 年有慈濟大愛電視臺的正式開播。

2004 年 11 月，基於「文化志業」涵蓋文字、聲音、影像等範疇，更蘊含著慈濟人文的精髓，故更名為「人文志業」。目前慈濟人文相關志業有大愛電視一臺、大愛電視二臺、大愛廣播、靜思人文、慈濟月刊、經典雜誌等。

2005 年，座落臺北關渡慈濟園區的「慈濟人文志業中心」正式啟用，也將分散二地的廣電媒體和平面媒體整合在一起。人文志業中心大樓是人文志業最主要的「慈濟建築」硬體。

「人文」的意義依法師的解釋是「人品典範、文史留芳」。期待「人文志業」的報導都能「報真導正」，並足為留史，足供人學習。

從「四大志業」到「八大法印」

慈濟志業始於以「濟貧」、「教富」為宗旨的慈善、醫療、教育、人文四大志業。於 1991 年間，先後加入新推動的「國際賑災」、「骨髓捐贈」，稱為「一步六腳印」。於 1996 年，再加入「環境保護」、「社區志工」，並稱「一步八腳印」。2006 年「慈濟宗門」成立，

改稱為「一步八法印」。

四大志業，有其慈濟歷史因緣的一脈相承之必然，以及始終的「濟貧教富」，也就是除苦、除眾生身、心、靈的苦，除生活之苦、身病之苦、心欲之苦、靈不得解脫之苦。

繼之而後的「國際賑災」，事實上相應於「慈善志業」，而更廣度眾生於海外。「骨髓捐贈」相應於「醫療志業」，而更深入救拔身病無常的苦。「社區志工」是回應「教育志業」完全教育、終身學習的無止境。「環境保護」則是回應「人文志業」的人文本質在保護：保護有情的身心靈、保護無情卻賴以生存的環境。

國際賑災

1991 年起，證嚴法師跨越政治立場和人群種族限制，本著「慈悲無國界、宗教無政治」的精神，引領全球慈濟人積極從事國際急難救援事務，在物質與精神上給予各國受災者最適切的幫助與關懷。

首次國際賑災，是由美國分會募得 15 萬 7 千餘美元，轉交給美國紅十字會援助孟加拉國水災。

至 2013 年底累計援助了全球 87 個國家地區（包含臺灣）。其中，大愛屋援建 14 個國家、18153 戶，學校援

建 16 個國家、182 所，遍布五大洲。

因積極推動國際賑災，聯合國經濟及社會理事會於 2010 年正式通過「佛教慈濟基金會」，成為「聯合國經濟及社會理事會 (ECOSOC) 非政府組織特殊諮詢委員」。希望借重慈濟在全球的援助重建經驗，提供聯合國及其他非政府組織，在這方面的諮詢與交流。這是國際社會，對慈濟作為的肯定。

面對災害的救助，慈濟累積多年國際、大型賑災的經驗，發展出一套執行的默契，即三階、四安、五原則。三階段指：急難階段、中期階段、長期階段。

四安為：

安心——急難階段。安災民的心、靈。在第一時間，身穿藍天白雲制服的志工至災區，膚慰災民，發放熱食、生活包、物資，提供環保毛毯，發放應急金。人醫會進行義診、往診。進行勘災，動員志工及災民一同清掃家園，還有義剪等。

安身——中期階段。安災民的身。由政府提供土地，慈濟配合協助援建，提供受災戶一個安全舒適、安身立命之居住環境。

安學——中期階段。安心就學。讓孩子有一個安全的就學環境，為部落和社會培養優秀人才。提供助學金、

教師志工陪伴孩子讀書。

安生——長期階段。安災民的生活、生計，提供謀生機會。帶動環保人文，一起做環保，也為地球、為環境盡一點心力。長期且持續訪視追蹤，關懷災民受災後的生活及其身、心、靈的狀況。

五原則為：

重點——遼闊的災區無法全面兼顧，因此選擇受災最嚴重或最缺乏外援的地區。集中有限資源在最需要的地方，發揮最大功能。

直接——志工與專業人員直接深入災區，查訪災情。依災民需要直接籌集賑災物資。並動員志工依實地訪查確認之災民名冊，直接將物資親手交到災民手上。表達真誠的關懷與祝福。

及時——把握時效勘災、搜集資料；並在最短時間內完成評估，以最快速度備妥物資給予援助。

務實——實地瞭解災區最迫切的需求，提供最適當的援助。務必可行、有效、快速。讓一分救助達到多重效果，不使救濟資源作無謂的浪費。

尊重——尊重與瞭解當地的風俗、民情、宗教、文化傳統。以朋友的立場去協助，並顧及對方尊嚴。不論衣物、糧食、醫藥或住房等均注重其品質，當成自己要用

的來考慮。並以感恩的心，雙手將賑濟物資奉上。

「慈濟建築」是國際賑災行動中，中期安身計畫「直接」的重要作為之一。而選擇「重點」災區、「及時」安身災民、「務實」大愛屋空間的格局及坪數大小、「尊重」災民的信仰、生活習慣等，同樣是「賑災類」「慈濟建築」中秉持的原則。

骨髓捐贈

1993 年，行政院衛生署主動建議慈濟成立「骨髓資料庫」，以便救護血癌病患。回顧當時的社會民風，要捐骨髓談何容易，而且建立資料庫的成本太高，根本沒有醫療機構願意做。證嚴法師秉承佛教《無量義經》「頭目髓腦悉施人」的精神，鼓勵眾人捐髓。同時，為了捐髓者的生命安全獲得保障，經 9 個多月的審慎評估與求證，確認捐髓可以「救人一命，無損己身」，才發起骨髓捐贈者驗血活動。法師當時考慮後認為，既然捐髓無損捐贈者身體健康，若慈濟不做，第一、救不到人。第二、臺灣醫療水準不能提升。第三、社會大眾對於捐贈骨髓的刻板印象和執著無法破除。於是，本著慈濟「尊重生命」的一貫立場，決定設立「骨髓資料庫」。

至 2013 年年底，「慈濟骨髓幹細胞中心」，已累積

達 38 萬 2 千多筆造血幹細胞資料，供髓 3426 例，遍及全球 29 國家地區。

環境保護

人們平時、生活中的過度消費，不但「消福」，且造成資源浪費。所以，法師於 1990 年的一場演講中，鼓勵與會的大眾「用鼓掌的雙手來做環保」，從而正式提倡「資源回收」、「廢物再利用」等觀念，也呼籲慈濟人做好環境保護的工作。

2002 年 3 月，法師因著走訪全臺各地環保站，呼籲眾人將環保工作延伸：「垃圾變黃金，黃金變愛心，愛心化清流，清流繞全球，滋潤大地、淨化人心」。同時將資源回收所得善款，從該年起轉作大愛電視臺的護臺基金。

2005 年 6 月，法師開示時呼籲慈濟人推動「環保七化」：環保年輕化、環保生活化、環保知識化、環保家庭化、環保心靈化、環保精質化、環保健康化。

自 1995 年至 2013 年底，單言紙類回收，臺灣地區回收總量達 11 億 6594 萬 5105 公斤（相當於 20 年生的大樹 2331 萬 8983 棵）。至 2013 年底，全球有 17 個國家地區，設有 7197 個環保站或點，10 萬 873 位環保志

工投入環保志業，以行動守護地球。臺灣則有 5637 個環保站或點，8 萬 2904 位環保志工。

全球，包括臺灣，為數眾多的這些環保站、環保點的建築，本著「回收」、「再利用」的理念，「慈濟建築」鮮少 A 類，而幾乎皆為 B 類。

社區志工

1996 年 7 月 31 日，賀伯颱風來襲，造成臺灣地區災情慘重，法師呼籲社會大眾發揮「社區志工」精神，鄰幫鄰、樓上樓下互相幫忙。並指示將全臺慈濟委員，依行政區和社區區域重新編組，以落實「社區志工」理想。

為因應這種救援、拔苦的即時性，除了精神的訓練、人員的編組，後來於各社區普遍興建據點建築，就是「慈濟建築」「社區道場類」的「靜思堂」。[3][2][3]

慈濟組織

慈濟組織，不是政府或企業上下的科層組織或水平管理；慈濟組織的內涵在於「立體琉璃同心圓」。慈濟人一圈一圈，以「佛、法、僧」三寶為圓心、以精舍為圓心，由內向外開拓拔眾生苦，由外向內自省、自我修行，而且是「立體」的。「立體」圓球內的每個個體，是獨

立向內、向圓心、向「自性三寶」修行，因為「公修公得」、「個人吃個人飽」；每個個體，必須「合體」「合和互協」向外、向苦難眾生拔苦予樂，因為天下苦難人太多，因為「天下米一個人吃不完」，必須「粒米成籮」大家合作才能完成。

欲達到「琉璃」通透、清淨無瑕、「靜寂清澄」，包括「有為」組織的立體球體，及「無為」每個人自已的內心，必須相「信」、深「解」、力「行」、查「證」，幾個「志工精神」的核心價值。最基本的，當然是「做慈濟」這件事，是每個人自願、自己意願、自己的心志所希望而來，這是根本的初發心，也是慈濟人之所以稱為「慈濟人」。所以，一定要先問自己、問自己的心。而往深裏去，包括：「緣苦眾生」、「走在最前，做到最後」、「做就對了」、「付出無求且感恩」、「四克」、「四合一」、「內修四、外行四」、及「修行的心」等。

慈濟的管理，來自自己的圓心、來自內修的自律及修行，來自外行的慈悲及愛，刻印在每個慈濟人的內心。慈濟的管理，更來自慈濟團體的圓心、來自法師的「戒、愛」、「德」、「啟發」。這是慈濟之「大」遍全球的所由底蘊及其深根本原；而其實，慈濟沒有大，一切都只是，因緣。

立體琉璃同心圓的核心價值——志工精神

「藍天白雲」志工：穿著藍色上衣、白色長褲衣服的志工，對大部分的人而言這就是慈濟。的確，志工是慈濟組織裏最重要的一環。尤其志工精神，在全球，當有災害發生，附近只要有慈濟人的地方，幾乎都可以看到「藍天白雲」的志工，而且通常是在第一時間就有「藍天白雲」。

即使很遠，「菩薩所緣，緣苦眾生」，只要慈濟人看得到、走得到的地方，都有慈濟志工的身影。「走在最前，做到最後」是慈濟志工心中的大愛，被法師啟發後，自然的自我要求。慈濟志工、「藍天白雲」，對失恃無助的受災民眾而言，是很大的依靠。

慈濟志工的「金剛偈」——付出、無所求、還要感恩

志工，做慈濟。不僅僅是自己願意，也是自己的志向、自己的願力。更深刻的認知是「付出，無所求，還要感恩」。「付出」表示自己富足，自己有多的、自己有能力給別人，手心可以向下；「無所求」是《金剛經》裏的「三輪體空，無相布施」，不分彼此，大家平等，付出不求回報，付出不是交易，只是同理心、不忍心對方的遭遇；「還要感恩」是與對方再結一分好緣，感恩對

方示現了苦難，因而警惕我們把握人生。

慈濟人的志工精神，不僅僅付出無所求，還包括「吃自己的飯，做別人的事」自費自假的行善。慈濟志工在做國際賑災、或發放、或參加活動，都是自掏腰包。以筆者為例，曾於 2013 年底，至 2500 公里外、攝氏零下 21 度的甘肅靖遠五合、烏蘭等地做歲末發放，搭飛機、乘車、食宿皆是自費。每週去醫院當志工沒有差旅費。所有醫療志工的交通，也都自行處理。類似的做法，並非筆者獨有，而是每個慈濟人都一樣。

「付出，無所求，還要感恩」是慈濟的金剛偈，一層一層的提升自己、一次一次的淨化自己。在做志工付出的過程中，心靈因此提升。在漸次的除掉雜染的心垢之後，得以看見自己清澄的本性並看見佛陀。進而接近佛陀，並再深入地接近佛陀。

慈濟志工的「百靈藥」──感恩心

感恩，則是慈濟志工的「百靈藥」。能治百病，尤其心病；能治內外疾，治對內，自己的心的不平，治對外，人我的是非。

當不斷的遇到境界的順逆，之後的漸次提升，當體解因緣，當用修行的心，會更清楚、明白藥效。而到後來，

做為人，對周圍的一切人、事、物，不說感恩，很難的。可以學習、可以「假久成真」。

做就對了

「做就對了」，強調力行，並從做當中體悟，體悟做人的道理、體悟人生無常、「見苦知福」等。體悟之後，回過頭來改善、鞭策自己。

在做的過程和幫助別人的過程中，看到別人的苦，知道自己的幸福，從而珍惜當下、珍惜現在所擁有的一切。不僅知足、感恩，還願意再去造福、繼續幫助別人。「知福、惜福、再造福」的繼續淨化自己、淨化社會。

誠、正、信、實、慈、悲、喜、捨

「內修誠、正、信、實，外行慈、悲、喜、捨」，內外並行、內外不斷交流的自我要求，往自己內心真誠的本性探索，從而改善自己外顯的身行、口說。

基本上，慈濟的組織、團體的管理是建立在「人性本善」、「性相近」的基礎上。因為「心、佛、眾生三無差別」；只是後來「習相遠」，因為習性、學習的不同而有了種種的無明。

走在這條路上、生活在「慈濟宗門」裏的這些人，或

說每一個人，基本上都應該深信因緣果報。佛法十分強調「因、緣、果、報」。佛法，其實是最科學的因果定律，種瓜得瓜、種稻不會得麥，用功的人成績不會太差，好人有好報、不是不報時機未到；即使種瓜得豆，基因突變，也有它的原因，只是一時間我們看不出來。若要識得真髓，那就只有靠「多用心」。

同心圓的第三圈——志工

慈濟志工，主要指的是具有慈濟委員身分的女眾，及具有慈誠或委員身分的男眾。其他尚有環保志工、醫療志工、社區志工，及學校、醫院裏的慈誠爸爸、懿德媽媽，慈濟榮譽董事等身分的人。或慈濟教師聯誼會、慈濟大專青年聯誼會、慈濟人醫會、國際慈濟人道援助會、慈濟員警消防聯誼會等，其他次級團體之成員。

慈濟宗門——合心、和氣、互愛、協力

慈濟志工組織，2003 年起慈濟委員和慈誠隊隊員組織重新整合，分為「合心」、「和氣」、「互愛」、「協力」隊組，因四者同根而生，又稱為「四合一」。

2006 年 12 月「慈濟宗門」成立後，更為明確。即「四法、四門、四合一」的組織架構，「合心」為總持門：

總一切法，持一切善；「和氣」為和合門：和聖賢心，合菩薩道；「互愛」為觀懷門：內觀自在門，懷抱眾生苦；「協力」為力行門：力持諸善法，行遍人間道。四者良能不同，但同根而生，如四指平行，沒有誰大誰小、資深資淺的問題，全體慈濟人宛如一個透明、澄澈的立體琉璃同心圓。「四合一」中涵蘊「四無量心」，即「慈、悲、喜、捨」的精神。立體琉璃同心圓，慈心圓融；菩提林立同根生，悲心同根；隊組合心耕福田，喜心淨化；慧根深植菩薩道，捨心永恆。〔1〕201

　　2013 年法師更期盼弟子們能本著「誠與情」的心懷，「慈悲等觀，人人協力」的彼此對待。目的在使組織運作更加健全。

　　慈濟志工組織運作的硬體，除慈濟基金會花蓮本會（或簡稱本會，相對於各分支會等）的靜思精舍，主要就是在各地的總會、分會、支會、聯絡處、聯絡點等，亦即各地區的「社區道場」。「社區道場」多以整理修建既有建築的方式使用，屬 B 類的「慈濟建築」；至若有新建的「社區道場」時，其建築多稱為「靜思堂」，屬於「慈濟建築」的 A 類。

　　至 2013 年為止，全球共 50 國家地區，設有 527 個據點（包含本會未核定之點及正式成立志業體）。〔3〕474

■ 花蓮靜思精舍朝山活動，常住師父引領眾人唱誦佛號、三步一拜虔誠朝山（上圖）。馬來西亞雪隆分會舉辦浴佛典禮。眾人虔誠禮佛足、接花香（下圖）。

（上／許榮輝攝；下／黎日泉攝）

同心圓的第二圈及第一圈──職工及清修士

在慈濟組織裏，志工的背後，還有一群更重要的職工，即慈濟志業體的同仁。包括：「慈濟慈善志業基金會」裏，自花蓮總管理處以轄各處室，如宗教處、慈發處、營建處等單位的同仁。「慈濟傳播人文志業基金會」在關渡的慈濟人文志業中心裏，大愛電視臺、大愛廣播電臺、靜思人文、經典雜誌等單位的同仁。「教育志業」自慈濟大學、慈濟技術學院，至慈濟小學、慈濟幼稚園，乃至各社區「社會推廣教育中心」等單位的同仁。「醫療志業」裏，各家醫院、診所的醫、護、行政同仁。

以上各志業體的據點，即「慈濟建築」裏的「志業體類」建築。其主要分布在臺灣本島，並以花蓮為核心，而遍及海外各地。此類建築多屬於 A 類。

法師定期與志業體主管召開「四大志業策進會」，為志業實質運作之指導。每年定期全省行腳，如歲末祝福，除至各社區道場、環保站、環保點與弟子們互動，並至各志業體瞭解組織運作、志業運行，為深入基層之走動式管理。拜科技之賜，每天早上 05：20 的「靜思晨語」及 07：00 的「志工早會」，花蓮本會與全球各社區道場、志業體據點的網路連線，亦為法師與志工及職工的精神指導及互動。

志業體，除各有單位主管帶領同仁；各項志業，並各有精舍師父為指導師父，為精神象徵及實質關懷各項業務推動。

「慈濟建築」裏的「志業體類」建築、以及「志工類」建築，是慈濟團體所有作為中重要、且主要的據點；當然，慈濟團體行善及修行的作為，也並非一定得要在「慈濟建築」的屋頂之下才能夠進行。畢竟，佛陀成道也正是在菩提樹下。

職場即道場——職志合一真修行

法師對於志業體同仁的期待是「職志合一」，也就是同仁應自我要求，用志工的精神從事職場工作，發揮自己的良能。志業體的同仁當中經過培訓，同樣具有委員、慈誠志工身分的，不在少數。他們常利用工作外的時間從事與其專業相關或非相關的志工工作。如 2013 年 11 月 8 日凌晨發生在菲律賓的海燕颱風，醫療志業執行長林俊龍即帶領六院院長、各科主任、醫護同仁分梯自費、自假前往災區義診。如 2014 年 7 月 31 日深夜高雄發生嚴重氣爆，除全臺身穿「藍天白雲」的慈濟志工持續關懷、膚慰、提供熱食便當、發放祝福金外，因近中秋節，臺中慈濟醫院院長簡守信便帶領院內同仁，用他們自己

平時種的小麥農作,先在院內親自製作有機月餅,並邀約其他各院、各志業體主管同仁南下高雄,親自把這份祝福送到災民手中。

為了強固志業體,能如法、依照法脈落實的運作,並提供在家人自我精進努力的平臺,志業體裏也養成具「清修士」④資格的同仁。

「清修士」的基本要求是有正信、正念、正行並深具慈濟人文,未婚或無婚姻關係,無債務糾紛。除落髮與否,及生活主要場域在各志業體而不在精舍外,其餘生活戒律、規矩同出家眾。「清修士」的身分,對於男眾有出家意願的,尤其提供了方便。

同心圓的圓心──出家眾

對於慈濟志工及志業體同仁而言,背後最大而最重要的依靠是花蓮靜思精舍的一群出家師父們。證嚴法師對慈濟人的期待是「立體琉璃同心圓」,圓心是精舍的出家師父們,第二圈是清修士、志業體同仁,第三圈則是委員、慈誠等慈濟志工,三圈一體、圓心相同,就是每個人找回自己與佛同等清淨的本性。同時,彼此之間也是如此清淨如琉璃,結合成一個如琉璃珠般,晶瑩剔透的圓球體。

從克難中，淨化人格的「靜寂清澄」

　　法師為了讓現在第一代的弟子，以及未來第二代、第三代的弟子對自己所要走的菩薩道有清楚明白的認知及依循，慈濟在「克難功德會」成立40年之後開宗立門。「靜思法脈勤行道，慈濟宗門人間路」，慈濟宗門必須走入人群、付出大愛，啟發人人心底的善念，並從付出中覺悟佛法的真理。慈濟宗門的依循是靜思法脈。法的傳承靠僧，靜思法脈的傳承靠靜思精舍的出家僧人。「克勤、克儉、克己、克難」，精進勤勞「一日不作，一日不食」的精神與身行，自「克難功德會」成立的第一天，至今，仍然為精舍出家師父們所奉行。同時，也為在家的志工、職工們所遵循。

　　證嚴法師的「證嚴」（閩南語發音真嚴，很嚴格的意思）的嚴以律己，「克難功德會」的克難精神，出家師父們的「四克」精神，也顯現在師父們對精舍每一個建築空間的多功能使用，及因為使用空間的拮据，而不得不的一次又一次增建。

　　花蓮靜思精舍的出家師父，從原來的6位，至後來約有170位師父。出家師父們平日生活的用度，是出家師父們自己辛苦做來的，出家師父的收入還提供全球慈濟人回到花蓮精舍的各項支出，這是「功德會」的財務。

與「基金會」所收十方大德、慈濟會員發揮大愛捐款的一分一毫收入是完完全全分開、清清楚楚。而慈濟志工們一向「吃自己的飯,做別人的事」,始終養成自費自假做慈濟事的「習慣」,也是源自於法師及精舍師父們自我要求及誠正信實的身教,從中親歷涵養學習而成。

從 1969 年大殿的啟用,到 2012 年主堂的啟用,每一次的增建,其建築所需的經費來源,都來自「功德會」、來自出家師父們平日辛苦做來的。甚至施工過程中,師父們也投入清潔、綁鐵、灌漿等工事。

證嚴法師、精舍師父及花蓮靜思精舍的建築、一草、一木,慈濟人稱為「心靈的故鄉」。是全球每個慈濟人的心靈歸依處。由這清淨的源頭、故鄉,從心帶動,一步八法印,步步踏實做,開枝散葉,於全球 50 個國家地區有慈濟人,關懷足跡踏遍 87 個國家地區⑤〔3〕486,正是日不落的慈濟世界。即使您、我正在睡覺,南半球也有慈濟人正在做好事。分、分、秒、秒,都有人在做好事。

關鍵——戒與愛,德服與啟發
戒、愛

不只一次,企業管理學的專家學者們問證嚴法師,龐

■ 靜思精舍常住師父將裝過薏仁的塑膠袋及麻袋拿到溪邊清洗乾淨回收再利用，珍惜物命（上圖）。常住師父在菜園辛勤耕作，以維持日常（下圖）。

（上／詹秀芳攝；下／陳忠華攝）

大而複雜的慈濟組織其中的管理靠什麼？法師的回答是：「以戒為制度，以愛來管理」。意思是每個人自己守好戒律，守好做人應有的規矩，守好每個角色扮演應有的法律規定，以自主管理做為制度。

同時，彼此「感恩、尊重、愛」，以大愛互動，沒有好惡分別、沒有親仇私心，用真誠、用真情「慈悲等觀，人人協力」的互相對待、共同付出，做為管理核心；如此，人人管好自己，彼此關係平等慈愛，共同為共同的理想而付出。

德服

從 2500 年前，佛陀講的道理中，轉化為現代人聽得懂、做得到、並適應現今時空所需的文字、語言，法師有很多獨創的名相，做為管理、帶領慈濟人的精神指導或行為依歸。

如「濟貧教富」及「教富濟貧」，前者是幫助貧窮人，解決他物質的匱乏，並教他富足的方法，讓他幫助別人，心靈也能因此富足；後者，教富有的人付出，布施錢財、物質幫助貧窮的人，同時自己的心靈因此富足。如「口說好話、心想好意、身行好事」為佛法中的「十善業」。如本文提到之諸多偈語。

如「靜思語」，闡明很多做人的道理。而這些名相，也都是法師自己以身作則、身體力行做到之後，「說我所做、做我所說」的語錄。法師自己嚴格要求自己，並期待每位志工、職工、出家眾能心口合一。如合字屋頂。

啟發

證嚴法師「以德服人」、以德帶人，「不為自己求安樂、但願眾生得離苦」，令弟子們心服口服；同時，不斷啟發每個人都有的、心中的善良本性與慈悲大愛。這，其實就是證嚴法師「領導統御」慈濟的關鍵。

文化與人文

文化

從古至今，中外的學者們對「文化」這二字尚不能得出定論。原因除多維的視野以外，還有語言學角度的客觀歧義。廣義上來講，「文化」是人類精神生活與物質生活的總和。

試從幾種分類方式來瞭解文化的概念。首先，從時間角度上講：有原始文化，古代文化，近代文化，現代文化。其次，從空間角度講：有東方文化，西方文化，海

洋文化，大陸文化。其三，從社會層面上講：有貴族文化，平民文化，官方文化，民間文化，主流文化，邊緣文化。其四，從社會功用上：分為名號文化、禮儀文化，制度文化，服飾文化，校園文化，企業文化。其五，從文化的內在邏輯層次上：又可分為物態文化，心態文化，行為文化，制度文化四個層次。其六，從經濟形態方面：又有牧獵文化，漁鹽文化，農業文化，工業文化，商業文化之分。等等。〔4〕

傳統文化

「傳統文化」就是文明演化而彙集成的一種反映民族特質和風貌的民族文化。是民族歷史上各種思想文化、觀念形態的總體表徵。

世界各地，各民族都有自己的傳統文化。中國的傳統文化以道家、法家、儒家為內核，還有墨家、名家、佛教、西方文化等。〔4〕

「中國的傳統文化，過份著重於當前事實，所以宗教的情緒，一向不夠熱烈，特別是在理學支配下的時代」。〔5〕

人文

《易經》賁卦：「剛柔交錯，天文也；文明以止，人文也。

觀乎天文以察時變，觀乎人文以化成天下。」「人文」
乃「文明以止」，「人文」以「化成天下」。「人文」
一詞彰顯出濃厚的淑世理想和使命感，「人文」也涉及
到「文明」的實現，關心人的品質的提升及成熟。

「人文與文化不同。文化隨著社會潮流而變；人文是
人之本性，是清淨無染、寬廣無際的佛心」。〔6〕

證嚴法師把「人文」解釋為「人品典範，文史流芳」，
《靜思語》也告訴我們：莫受文化潮流牽引而沉淪，要
穩固人文，促進人人歡喜、社會安定。

「文化乃一時潮流，就像挖掘出的古物，呈現當時人
們的穿著、用物等等，代表每個時期不同的文化。文化
因國度而異；人文則是全人類皆同，是人的本性，做出
人品典範，值得文史流芳。」〔7〕9春

宗教的內涵與慈濟的精神

宗教的內涵

「宗教」，在漢語中本來就不是聯綴詞。《說文解字》：
「宗者，尊祖廟也，以宀從示。示者，天垂象見吉凶所
以示人也，從二。三垂，日月星也，觀乎天文以察時變
示神事也。」這表示「宗」，是對神及人類祖先神靈的

尊敬和敬拜。「教」，是指教育、育化，上施下效，側重在對神道的信仰，這點與西方的宗教理解較接近。

「宗教」，也有人把它解釋為「祖宗教化」。這種解釋頗適合漢人「敬天法祖」的生活觀。

直至公元十世紀，「宗教」一詞才最先見於佛經，如《續傳燈錄》中：「吾住山久，無補宗教，敢以院事累君。」這裏的宗教指崇佛及對弟子的教誨，其意狹小而具體。

西方語言的「宗教」(Religion)。古希臘人雖有表達對神的敬畏、虔誠及與之相關的戒律禮儀，卻未形成宗教的特定概念。而是源自古羅馬時代的拉丁語「Religio」。

古羅馬哲學家西塞羅在其著作《論神之本性》中使用過「Relegere」（意反覆誦讀、默想）或「Rcligere」（意重視、小心考慮）。可見他當時認為在神的敬拜上需集中注意，又需嚴肅認真。另外古羅馬神學家奧古斯丁在《論真宗教》及《論靈魂的數量》皆用過「Religare」，代表人、神與靈魂間的重新結合，以人神聯盟說明人與神之間的密切關係。在《訂正》及《上帝之城》中使用「Re-eligere」來表示人在信仰上的重新抉擇及決斷，人需要靠重新考慮和選擇與神修好。故 Religio 一詞在拉丁語的原意應為人對神聖的信仰、義務和崇拜，以及神人之間

的結合修好。

「Religio」與近代西方宗教概念有關連卻不等同。中世紀歐洲人不會用 Religio 稱呼伊斯蘭等異教 (Paganism)。今日英語 Religion 可指基督教及其他任何宗教。

東西方因歷史背景的不同而存在理解差異。宗教是一個翻譯詞彙。馮友蘭指出「宗教」：「有其自己的意義，不能在中文中看見一個有教字的東西就認為是宗教。」「宗教」，「以供奉神靈的宗廟為教導方式」意，關鍵是「作為祭祀場所」的「宗」，而非作為中國式人文主義印痕之祭祀目的的「教」。

社會學家和人類學家傾向於把宗教看作是一個抽象的觀念、含義。這種抽象的概念是基於自身文化發展而建立起來的。

宗教有著各種各樣的定義，多數定義試圖在很多極端的解釋和無意義表述中找到平衡。有人認為應用形式和理論去定義它，也有人更強調經驗、感性、直覺和倫理的因素。

隨著西方「宗教學」的崛起，及其對中國學術界之影響，許多人在學術上將「宗教」與「Religion」一詞畫上等號，成為廣義性宗教概念。

顯然，「宗教」在不同文化背景，存在不同含義。〔8〕

宗教的意義

　　《宗教百科全書》中，「宗教」的定義是這樣的：

In summary, it may be said that almost every known culture involves the religious in the above sense of a depth dimension in cultural experiences at all levels—a push, whether ill-defined or conscious, toward some sort of ultimacy and transcendence that will provide norms and power for the rest of life. When more or less distinct patterns of behaviour are built around this depth dimension in a culture, this structure constitutes religion in its historically recognizable form. Religion is the organization of life around the depth dimensions of experience—varied in form, completeness, and clarity in accordance with the environing culture. （中譯：總的來說，每個已知的文化中都包含了或多或少的宗教信仰，它們或明瞭或令人疑惑得試圖完美解釋這個世界。當某些行為典範在特定的一個文化中得到確立時，它就將在這個文化中打下深深的歷史烙印。即便宗教在形式、完整度、可信度等等都應不同文化而不同，但人在社會中還是不可避免要受到宗教影響。）

　　西方各宗教學家對「宗教」下的定義如後。門辛：人與神聖真實體驗深刻的相遇、受神聖存在性影響之人的

相應行為。繆勒：人對於無限存在物的渴求、信仰和愛慕。泰勒：對靈性存在的信仰。弗雷澤：人對能夠指導和控制自然與人生進程的超人力量的迎合、討好和信奉。施密特：人對超世而具有人格之力的知或覺。海勒爾：人與神聖的交往、相通和結合，是對神聖的生動經歷。範德列烏：人與神祕力量的獨特關係。奧托：對超自然之神聖的體驗，表現為人對神聖既敬畏而嚮往的感情交織。施賴爾馬赫：宗教是人對神的絕對依賴感。

　　至於東方。淨空法師對「宗教」的定義是，「宗」具有：主要的、重要的、尊崇的三種意義。「教」具有：教育、教學、教化三重含義。〔8〕

　　印順導師對「宗教」的看法，「近代的宗教一詞，由 Religion 譯義而來。西方學者，依著他們所熟悉的宗教，給予種種的解說。現在，我依佛法的定義來解說，……宗是直覺的特殊經驗，教是用文字表達的。（宗教的意義）……宗教是人類自己的意欲，表現於環境中。（宗教的本質）……宗教有兩個特性：一、順從；二、超脫。西洋的宗教，偏重於順從。他們的宗教一詞，有約制的意思。即宗教是：接受外來某種力量——神力的制約，而不能不順從他，應該信順他。但單是接受制約，是不夠的；依佛法說，應該著重於超脫的意思。（宗教的特

性）……宗教對於人類，究竟有什麼價值？價值當然不只一種，然宗教的真價值，在使人從信仰中，強化自己以勝過困難，淨化自己以達成至善的境界。（宗教的價值）」[5]

證嚴法師對「宗教」的看法，「宗，就是人生的宗旨，人生要有『愛』的目標；教，就是生活的教育，心靈要向善、向上，還要身體力行進入人群去行善。」

慈濟的精神

「慈濟」，顧名思義就是「慈悲為懷，濟世救人」。這八個字，是慈濟團體人人所奉之為圭臬者。教育慈濟人，心中要常存大愛，不僅如此，同時要身體力行去救度別人。

「慈濟」，當經歷「自強不息」始終的「力行」，同時，「厚德」始終存於心、始終「載物」的「行證」之後。更明白而深刻的說，「慈濟」就是「慈悲喜捨、濟世憫眾」。「慈悲喜捨」是「厚德」存心，「濟世憫眾」須「不息」的「力行」，因為地球災難不斷、更大，因為苦難人一直產生、太多。

慈悲的內修是「誠、正、信、實」的自我要求。啟發、擴大內心的憐憫心、慈悲心、愛心，使胸懷的大愛能包

容整個地球村，直至心靈到達「靜寂清澄，志玄虛漠，守之不動，億百千劫」的境界。

濟助的世界，無國界、無膚色、無宗教、無貧富之分別。「無緣大慈、同體大悲」，因為不忍，因為我們是生命共同體，與我有緣、無緣，每個人我都「喜、捨」、我都要救，直至「無量法門，悉現在前，得大智慧，通達諸法」的自我完成。直至「自覺、覺他、覺行圓滿」的自他皆成。以至「大愛無國界」。

「慈濟」是什麼？多年前慈濟副總執行長王端正先生對慈濟的本體與特質，做了貼切的詮釋：

慈濟是「民間的」團體，在群體領域中認識個體責任。
慈濟是「宗教的」團體，在信仰領域中找到心靈歸依。
慈濟是「慈善的」團體，在助人領域中肯定人生價值。
慈濟是「修行的」團體，在精進領域中觸動人格昇華。
慈濟是「教化的」團體，在度化領域中落實慈悲宏願。
慈濟是「力行的」團體，在實踐領域中體現即心是佛。

〔9〕14

慈濟的宗教精神

法師表示，修行不是要修神通。修行要務實，認清自己是「人」，是凡夫入佛門來修行。「有智信，沒有迷信，

就不必去求神問卜、消災改運。佛陀亦無法轉眾生的業，唯能教示眾生業力是如何造成，以及因緣果報的道理，指出一條道路引導我們修行。」

「師父引入門，修行在弟子。」佛陀是導師、說道者。佛陀只是開闢這條道路、指引我們去走，路還是要靠自己走。「佛陀的教法是正信的法理，要智信而不迷信；過去若聽信邪言邪語而入迷，現在要趕快懺悔、改過。多用心。心用於善，自然能消解前衍。」

「宗教的教義應該都是善的、好的，雖然名稱不盡相同。除了佛教，有天主教、基督教、伊斯蘭教、道教等。只要是因為正信而立宗、立教，宗旨都是一樣的，那就是愛。愛有稱為『仁愛』、『博愛』、『慈愛』、或『大愛』，同樣都是指無私、廣博、無量的愛。」

佛教由出家僧眾傳承佛陀法脈，僧眾學習佛陀捨除小愛、從事大愛，所以離開俗世小家庭，進入如來的天下大家庭；天主教的修女、神父，同樣是捨小愛而行博愛；基督教也教人開闊心胸、博愛人群；伊斯蘭教也提倡仁愛，希望人類能和平幸福。所有的宗教都是用心、用愛在為人類而付出，雖然在形態上各有不同，卻皆為真誠無私的大愛。

「正信的宗教，只要信得很徹底，而且真正地依教奉

行，宗旨就不會偏差。」有的佛教徒為了突顯自己的崇高，會打大妄語，說自己修得神通，吸引一些迷信的人來供養的不良行為。法師認為，若人打著宗教的名義，卻行為不端，其實不應該將之歸於宗教之過。「真誠的宗教是沒有過失的，因為這些教主開創宗教都是為了人類的幸福。」

「宗，就是人生的宗旨；教，就是生活的教育。慈濟人在生活中要守十戒，守十戒就能行十善，這都是最根本的宗教教義。」

「世間一定要有宗教，人人生活在世間要有宗旨、目標；而初生懵懂，必定要經過教育。除了學校教育，若是家庭教育、社會教育、大環境的教育都能很正確，人與人之間就不會產生問題。要維持正確的教育，就需要宗教。」

「正確的宗教，皆提倡正道以及真誠有愛，這就是正確的宗教思想。即便是不同的宗教，卻共同有著正確的思想、真誠的愛，能夠合而為一，再配合家庭人倫的教育，整個社會和氣、和睦，人間世界就是淨土。」〔7〕

07 冬 1004

小結

廣義的說，「文化」就是人類生活的總和，不論精神或物質。「傳統文化」則是該民族生活的總體表徵。「人文」是「人品典範，文史流芳」，是人之本性，是清淨佛心。文化是一時潮流，因國度而異；人文是全人類皆同的人之清淨本性，無有差別。「人文」可以說是「文化」再淬鍊後的原形，是本來就有的。

對於宗教的理解，東西方不同，各民族不同，每位宗教學家更存在認知上的差異；然而，基本上都是「試圖完美解釋這個世界」。「宗，是人生的宗旨，人生要有『愛』的目標；教，是生活的教育，心靈要向善、向上，還要身體力行入人群行善。」法師的見解，深刻而獨到。對每個想提升生命品質的人，極富啟發性。

「宗教」的目的，是為了提升生命的品質，尤其心靈；並足為人品的典範，而流芳於文史。「人文」可以彰顯「宗教」的精神。細看慈濟的四大志業，所做所為其實都在彰顯「人文」，都在傳達「宗教精神」。

慈濟 50 年，也是法師的 50 年；每一個人的生命，有幾個 50 年？一位身病瘦弱的女子「創造了」（更精確的說是「啟發了」）這樣的一個組織，其心靈的力量是什麼？其中的因緣如何？

慈濟，其實只是一個團體。每個團體，行之而久，隨

著時間，自然形成屬於這個組織的文化，慈濟當然也不例外。不同的是，慈濟有屬於它自己，與其他團體非常不同的「慈濟人文」。而這個「人文」，絕不僅僅是把「文化」二字改成「人文」而已的表面功夫。

抽離出慈濟組織龐大而複雜的整個運作，其實它只在做一件事，那就是：利益眾生。利益眾生有二種功能及意義，就是學習觀世音菩薩的慈悲心腸，做好事，利益別人。同時，走修行路，修正自己的行為，清淨自己的內心，減少貪欲等，管理自己，利益自己。

慈濟，如果沒有宗教家以出世的宗教精神帶領，如果沒有一群「慈濟人」把宗教家的精神帶領奉為自己「生命的宗旨」及對自己「生活的教育」，並以宗教修行的態度入世的深入各災區、各社區。如此，不僅僅只在災區或社區相會，同時，也在心靈的最深處，與受慈濟濟助者、與接觸慈濟者相會、相通。慈濟團體，要成為「人品典範」，近而為全球很多數的人所認同，這恐怕並不容易！

證嚴法師帶領慈濟人，一路走來，已逾 50 年。對於慈濟的認識，相關的文獻，在慈濟本身的出版品或相關報導中更詳細。本章僅取精要中之精要、以及個人體證心得，是為開展以下兩章慈濟建築相關論述。

■ 花蓮靜思堂舉辦浴佛典
禮，邀請社區民眾參與，
一起感念佛恩、父母恩、
眾生恩。 （攝影/陳慶雄）

註釋

①印順導師，1906 年出生，2005 年圓寂。因為導師是證嚴法師的皈依師父，所以慈濟人都敬稱為「師公」。1930 年在普陀山福泉庵皈依清念老和尚出家，法名印順，號盛正。31 歲完成整部大藏經的閱讀。導師在佛法上的造詣及成就，早為國內外學者所推崇敬仰。著作等身，出版有《妙雲集》、《華雨集》等書。1972 年以著作《中國禪宗史》，成為臺灣首位獲得日本大正大學頒發文學博士學位的僧侶。導師終身提倡「人間佛教」思想，被公認為屬於「印度型的高僧」，並被讚譽為「當代人間佛教思想的領航者」、「當代的佛教精神領袖」，亦有「隋唐以來，不做第二人想」之雅譽。佛經《增壹阿含經》：「諸佛皆出人間，終不在天上成佛也。」這是導師「人間佛教」思想的根據。

②「佛教克難慈濟功德會」，簡稱「慈濟功德會」。1980 年 1 月 16 日，臺灣省政府核准「財團法人臺灣省私立佛教慈濟慈善事業基金會」立案，「慈濟功德會」改稱為「慈濟基金會」。1994 年，中華民國內政部核准「財團法人中華民國佛教慈濟慈善事業基金會」立案，簡稱「慈濟基金會」。目前，「慈濟基金會」的運作及用度，指的是在家的職工體系、志工體系；「慈濟功德會」的運作及用度，指的則是出家常住師父們的體系。本論文所稱「慈濟」為一泛稱，指相關此基金會及功德會之人、事、物。

③50 個國家地區裏，其中 36 個國家地區裏設有 502 個據點。包含亞洲 16 個國家地區、347 點，美洲：12 個國家地區、130 點，歐洲：4 個國家地區、4 點，大洋洲：2 個國家地區、11 點，非洲：2 個國家地區、10 點。以上各點，經臺灣本會核定為總會、分會、

支會、聯絡處、聯絡點之單位，及當地正式成立之志業體 - 醫療、教育、人文。另有 22 個國家地區、25 點未正式核定。

④清修士是證嚴法師貼心為願意清淨修行的居士設立「清修士」制度，清修士沒有家業牽絆，以出家人的清淨身心，在慈濟志業發揮良能，分擔如來家業。

⑤慈濟人的關懷行遍全球 87 個國家地區，包含亞洲：29 個國家地區，美洲：19 個國家地區，歐洲：18 個國家地區，非洲：14 個國家地區，大洋洲：7 個國家地區。統計至 2013 年。

慈濟建築的分布
類型及歷史

慈濟建築遍布 5 大洲。很少有佛教團體，能在這麼短的時間，且輻員分布如此廣大，蓋這麼多的建築物。依慈濟團體的特性及慈濟人作為，分類慈濟建築（分類方式依主要用途及慈濟四大志業為類別名），分為：慈善類、醫療類、教育類、人文類、社區道場類共五大類。

15

慈濟建築的分布

慈濟與慈濟建築

　　觀察慈濟，慈濟是一個佛教團體、NGO 團體、也是行善並修行的團體。慈濟人本著「菩薩聞聲救苦」、「大愛無國界」的單純心念，行善至全球。於全球 50 個國家地區設有聯絡點，且足跡行遍全球 5 大洲 87 個國家。食、衣、住、行，身、心、靈，只要災民有需要，視其所需，慈濟人就會協助。

　　因著慈濟人救災的腳步，慈濟建築解決了災民住的需求、及教育環境的需求；因為行善及修行的需要，慈濟建築，也提供慈濟人在四大志業開展上所需的硬體空間，並在當中呈現「慈濟人文」。

四大志業建築的分布

　　慈濟始於花蓮，始於臺灣。因此慈濟建築的分布，就數量而言是以臺灣居多，尤其在「四大志業」開展上所需的硬體空間，自是集中花蓮。包括「功德會」、「基金會」，慈濟的總指揮中心皆在花蓮、在花蓮的「靜思

精舍」及「靜思堂」。「醫療志業」的醫院，花蓮慈濟醫院是源頭，另二家在東部的玉里及關山，西部自北而南，則有臺北、臺中、斗六、大林。「教育志業」自育嬰中心、托兒所至專科、大學、研究所(含博士班)的「完全教育」全在花蓮，後來才有臺南的慈中、慈小及進行中的苗栗慈大分部。「人文志業」的中心則在臺北關渡。

慈濟建築——興建、慈濟軟實力——成熟，慈濟「四大志業」的基礎也——奠定。

社區道場建築的分布

社區道場

除志業體外，也是推展「四大志業」但側重供志工使用的「社區道場」，則大致依人口數、各地委員慈誠人數、及因緣成熟與否，而成立規模大小不同的「社區道場」分布全臺。「社區道場」意在落實社區、取之社會、用之社會。據點平時作為「人間菩薩招生」、訓練「人間菩薩」、聯誼、敦親睦鄰之用；緊急災害時則作為各地救援網路的災害指揮中心。具有多重功能。至 2013 年底，經慈濟基金會本會核定有案的分會、支會、聯絡處、聯絡點有 123 處；規模較小，會眾自動發心而未登

記的共修點，也不在少數。〔3〕474

「社區道場」的空間，不論基金會購得、或信眾提供，
一般多為既有建築。尤其慈濟創立初期或當地成立新聯
絡點時，利用既有建築略加修改「克難」而用，且一用
就一、二十年，此一現象實屬常態。

「社區道場」因緣若成熟而新建建築，則稱為「靜思
堂」。「靜思堂」主要空間包含講經堂、靜思書軒、教室、
辦公與大小會議室、餐廳與廚房、資源回收站等。外玄
關為合字屋頂，外觀為洗石子外牆，此一建築意象毫無
例外。外玄關的合字屋頂意象，即使是在利用既有建築
時，也都想方設法加上此一「慈濟圖騰」。

環保回收點

資源回收，通常也包含在「社區道場」的多重功能之
一。每個「社區道場」的場所內多半設有資源回收的空
間，做為「環保教育站」；但有更多是信眾自己的家、
空房子、工廠、辦公室，或白天是攤位、晚上是「環保
回收點」的既有建築。

當然，「環保回收點」也是「社區道場」的一種。志
工的發心提供場地，就像「克難功德會」成立初期，證
嚴法師每個月全省行腳的落腳點多是信眾、志工的住

家、店鋪等。至 2013 年底在慈濟基金會本會有立案的
「環保教育站」，通常較大型，有 323 點；未立案的「環
保回收點」有 5314 點，共 5637 點〔3〕517。此一信眾
或志工自動發心提供場地的情形，至今仍然發生。

「環保回收點」就像人體的微血管，微小似不足道；
但卻綿密在社區，是社區安定、人體健康及地球健康很
重要的力量。

絕大部分的「環保教育站 / 點」是利用既有建築，或
回收材料重複使用搭建而成，因陋就簡「克難」使用，
沒有合字屋頂、沒有洗石子外牆，不具慈濟意象。而其
實，這或者也是另一種「慈濟圖騰」。

海外「社區道場」的設立

海外「社區道場」設立的點本著「克難」精神，初期，
甚至至今，也多是利用既有建築。至 2013 年底，經慈
濟基金會本會核定有案的總會、分會、支會、聯絡處、
聯絡點或正式志業體，有 36 個國家地區 502 個據點，
包含亞洲 16 個國家地區、347 點，美洲 12 個國家地區、
130 點，大洋洲 2 個國家地區、11 點，非洲 2 個國家地
區、10 點，歐洲 4 個國家地區、4 點。

亞洲設點最多的國家前 5 名分別是：馬來西亞 128 點、

臺灣 123 點、中國大陸 30 點、印尼 30 點、泰國 11 點。美洲部分，美國 100 點、加拿大 18 點，為前 2 名。

另有 22 個國家地區的 25 個據點未正式設立，但有慈濟人在當地推動志業的。合計 50 個國家地區 527 個據點。〔3〕474

至於更微細、更深入社區的「環保教育站」、「環保教育點」，自然在有慈濟人的這 50 個國家地區裏。扣除臺灣的 5637 個站／點，另有 16 個國家地區的 1560 個站／點。

站／點最多的前 6 名為：馬來西亞 1000 個站／點、菲律賓 276 個站／點、中國大陸 120 個站／點、美國 50 個站／點、新加坡 31 個站／點及香港、印尼各 26 個站／點，占 1560 個站／點的 98%。〔3〕516

總的說來，且不論規模，從數量上看，包括「環保教育站／點」，「社區道場」的分布還是以臺灣居多，且多很多。其次為馬來西亞、菲律賓、中國大陸、美國、新加坡、印尼。五大洲中則亞洲居首，美洲居次。

「社區道場」的設立，固然考慮人口數；但，最主要，還是依因緣成熟與否，亦即依當地是否有志工，及志工的意願與發心程度。以佛教的因緣觀言，分布的資料，也可以看出慈濟在各洲、各國因緣的深淺。

賑災建築的分布

慈濟援建的賑災建築主要是住宅、社區及教室、學校，其目的是為解決災民住的問題，及孩子們的教育就學。

只要避開災害再發生的可能，住宅地點不能離原生活圈太遠，否則災民沒有意願入住，學校則多為原地重建，因孩子上學也不能走太遠。所以其分布基本上與災害發生的地點有著密切的關係。

舉例而言，2013年11月海燕颱風6度登陸菲國中部，重創菲律賓程度百年首見，災區屋毀、橋斷、電力通訊中斷，空氣中飄著屍臭味，災民神情黯然無助，大批災民逃往宿霧，馬尼拉等市軍警、公務人員失聯，地方政府幾近癱瘓，無力救災及維持秩序。全球30多個國家與組織加入救援行動，救濟物資只能堆積機場，無法即時送至災民手中。聯合國開發計畫署事後評估，菲律賓海燕颱風的受災面積，比南亞海嘯時印尼亞齊省更廣，重建時間更久、經費更多。

慈濟人面對這種「大型賑災」，先後出動9個梯次的賑災團，動員人力來自13個國家地區6千人次以上的志工前往災區進行人道援助，援助內容包括義診、熱食供應、提供環保毛毯、祝福金與物資發放、「以工代賑」[1]等。同時，為解決孩子上課問題，迅速搭建了473間

「簡易教室」供災區使用。為解決災民住的問題，中、長計畫提供 2700 戶「簡易屋」援助海燕災區。這一切，包括了 46 個國家的慈濟人馳援菲律賓，募心募款而來的善心與祝福。〔3〕35,129

賑災建築的產生，主要是伴隨慈濟人賑災的腳步，及因應災民的需要而興建。

賑災建築──學校

至 2013 年底，慈濟賑災援建的學校共有 16 個國家地區、182 所。包含亞洲 9 個國家地區、158 所，美洲 6 個國家地區、16 所，及非洲 1 個國家地區、8 所學校。亞洲部分，中國大陸援建 56 所，包含因水患而援建 18 所、扶困 16 所、地震 15 所、風災 6 所、冰雹 1 所。臺灣援建 52 所，包含因地震而援建 51 所、風災 1 所。印尼援建 35 所，扶困 11 所、地震 10 所、南亞海嘯 9 所、水患 3 所、風災及冰雹各 1 所。伊朗地震 5 所，緬甸風災 3 所，泰國扶困 3 所，東埔寨水患 2 所，菲律賓風災 1 所，斯里蘭卡因南亞海嘯 1 所。美洲部分，巴拉圭扶困 7 所，海地地震 3 所，薩爾瓦多地震 2 所、扶困 1 所，瓜地馬拉扶困 1 所，多明尼加風災 1 所。非洲部分，南非扶困 8 所。〔3〕492

從以上資料分析，慈濟賑災援建的學校主要分布在亞洲，占 182 所的 87%。而援建數量最多的前三名，分別是中國大陸援建 56 所，臺灣援建 52 所，印尼援建 35 所，占 182 所的 79%。

　　以災害類別來瞭解，因地震災害援建共 86 所，扶困共 48 所，水患共 23 所，風災共 13 所，南亞海嘯共 10 所，冰雹災害共 2 所。

　　上文所引，絕非僅只是資料。因各國國情、教育不同，所要瞭解及溝通的努力就不知有多少！一所學校代表的，不僅僅是一分愛，而是無盡的大愛及無量的願力！援建分布輻廣，光距離就是一大考驗。豈是一個人就能作為，一時之間就能完成！

賑災建築──住宅

　　至 2013 年底，慈濟賑災援建的「大愛屋」，共有 14 個國家地區、18153 戶。包含亞洲 9 個國家地區、16648 戶，美洲 4 個國家地區、1436 所，及非洲 1 個國家地區、69 戶。亞洲部分，中國大陸援建 5182 戶，12 個省分，包含河北省、江蘇省、福建省、廣東省、河南省、安徽省、江西省、湖南省、廣西省、甘肅省、四川省、貴州省。印尼援建 5178 戶，主要在雅加達首都

特區、亞齊特區及南蘇拉威西省。臺灣援建 3119 戶，主要在臺中、南投、雲林、臺南、高雄、屏東、花蓮各縣。尼泊爾援建 1800 戶。斯里蘭卡援建 650 戶。土耳其援建 300 戶。印度援建 227 戶。泰國援建 158 戶。菲律賓援建 34 戶。美洲部分，薩爾瓦多援建 1175 戶，洪都拉斯援建 160 戶，秘魯援建 100 戶，美國援建 1 戶。非洲部分，南非援建 68 戶。〔3〕490

慈濟賑災援建的「大愛屋」主要分布在亞洲，占 18153 戶的 92%。而援建數量最多的前三名，分別是中國大陸援建 5182 戶，印尼援建 5178 戶，臺灣援建 3119 戶，占 18153 戶的 74%。

因水患援建共 7942 戶，因地震災害援建共 3669 戶，因南亞海嘯援建共 3217 戶，因扶困援建共 1983 戶，因風災援建共 1342 戶。

賑災援建，不分災害類別，只是需要不同的因應，以及為災民周延考慮。光是中國大陸的援建 12 省，生活習慣就有多少不同？「大愛屋」的設計內容要如何一一「隨順眾生」？更遑論在世界各地。

「大愛屋」的援建數量不少又分散各國，從商業投資的角度來看，慈濟投入建築的作為，其投資報酬率似乎不高！

小結

從空間、從全球的宏觀角度來看。

慈濟建築遍布5大洲。2500年來，從數量言，很少有佛教團體，能在這麼短的時間（1966年至今，剛過半世紀），且輻員分布如此廣大，而匯聚這樣的能量，蓋這麼多的建築物。

食、衣、住、行、育、樂，人類活動的基本需求。做為慈善團體，要真正幫助別人，只有解決食、衣問題，顯然是不夠的；還需要解決住的問題。住的品質也要考慮，基地不能太偏遠，必須考慮到生活謀工作交通的便利性。戶數較多的，也必須以社區形態為之，還要考慮活動中心、職訓中心、學校、教堂等育樂設施。建築的質、量，滿足人身、心要求，也要滿足靈的需要，空間機能、動線、色彩、造型，乃至貼心、受尊重、心靈攝受。

沒有建築，要想真真正正、完完全全的幫助到災民，不容易！

苦難的人太多，遍布全球。要救的人太多，天涯海角。慈濟建築的分布，與苦難密不可分；慈濟建築不是商人的作為，與市場無關，與開發商追求利益的行為，是完完全全大不相同的。

慈濟建築的類型

分類方式

有關建築類型的分類，習慣上是依「建築技術規則」分成公共集會類、商業類、工業類、休閒文教類、辦公類、住宿類等。然依此分類，似乎並不能顯示慈濟建築的特性。本書試著依慈濟團體的特性、及慈濟人的所做所為，來釐清並分類慈濟建築。分類方式依主要用途、及慈濟四大志業為類別名，分慈善類、醫療類、教育類、人文類、社區道場類，共五大類。

並從中瞭解「一宗土地②〔10〕內，是否有新建建築物」將其大分為二類。而以「一宗土地內，有新建建築物」之 A 類，為本書主要討論對象。

A 類與 B 類

A 類的定義：一宗土地內，不論年代，慈濟所興建，有一棟或一棟以上從基礎開始新建之建築物、建築群。為論文主要討論研究的物件。

B 類：A 類建築以外，亦即該宗基地內，無任何新建建築物，唯整修或沿用。

例如：臺北關渡園區，新建建築為「人文志業中心」大樓，2005 年 1 月啟用，同宗土地內尚有多棟修建沿用之建築，此點屬於人文類的 A 類。如：臺中舊分會，新建建築為靜思堂，1992 年 10 月啟用，同宗土地內尚有多棟修建而沿用之建築，此點屬於社區道場類的 A 類。如：苗栗聯絡處，通稱苗栗園區，同宗土地內尚無新建建築，而有多棟修建及未修建而沿用之建築，此點屬於社區道場類的 B 類。

五大類

慈濟建築依主要用途及慈濟四大志業，分「慈善類」、「醫療類」、「教育類」、「人文類」、「社區道場類」。進一步言之，亦即分為：「慈善賑災類」、「醫療志業體類」、「教育志業體類」、「人文志業體類」、「社區道場志工類」，共五大類。

在名稱上，加上「賑災」、「志業體」、「志工」，有助進一步瞭解建築物的本質，以便釐清脈絡。「賑災建築」是因為救災而衍生的建築，是賑災中的一環，是為災民而興建，建築物的使用者是受助者。「志業體建築」是慈濟運作的動脈，志業體同仁是運作實體，建築物的主要使用者是職工。「志工建築」是慈濟運作的微

血管，無微不至、無所不在，社區道場裏面當然有職工，但主要使用者為志工，特性在社區，是「菩薩訓練場」的主角。

三大類

　　將「醫療志業體類」、「教育志業體類」、「人文志業體類」合併成為「志業體類」，使五大類簡化成「賑災類」、「志業體類」、「志工類」三大類，是另一種分類思考，並無不可。

慈善賑災類

　　慈善類的建築，主要是針對慈濟人在賑災或慈善訪貧過程中，評估災民或「感恩戶」的需要而產生的建築行為。在數量上，尤其是賑災過程中所興建的建築，占絕大多數。慈濟「慈善志業」「五大基本模式」中的「大型賑災」，慈濟人已發展出一套貼心、且確實應災民需求的賑災 S.O.P.。當災害發生後，從第一時間的膚慰、熱食、勘災、義診、發放、清掃，到中長期的安身、安心、安生、安學。因此，此類的建築多與災害息息相關，與慈濟人賑災的腳步相隨，是「大型賑災」協助災民眾

多方式中的一項，尤其在安身及就學方面。至於慈善訪貧「感恩戶」③〔1〕89 的「房屋修繕」，屬於 B 類。

慈善賑災類建築，又可分為一、大愛屋類，二、希望工程類，另有三、敬老院類，四、醫病類，五、簡易寺院類，六、其他類。

大愛屋類建築

大愛屋，因著不同時節及因緣，也稱為慈濟屋、慈濟村、大愛村或大愛園區，是指慈濟於國內外濟貧、賑災時為極需要的民眾或災民所興建的房屋及村落。其建築特色強調：讓大地呼吸，也傳遞「人與人」「人與大地」和諧共生的承諾。可分為永久屋、組合屋、簡易屋三種。〔1〕40

1. 大愛永久屋

海外，最早的大愛永久屋，是 1991 年華東、華中水患，慈濟在安徽省全椒縣及江蘇省興化縣共 29 處，一口氣興建 1513 戶的大愛永久屋。只因為，不忍災民受苦難，只因為，災民需要。

最典型的案例是 2008 年莫拉克颱風重創臺灣南部，慈濟在高雄杉林、臺南玉井、屏東來義、高樹、長治、

滿州 6 個地方為災民興建 1276 戶的大愛永久屋，一勞永逸解決災民的無家可歸。產權屬於災民。

2. 大愛組合屋

是臨時性的建築。1999 年 9 月 21 日集集大地震，臺灣中部發生了嚴重的災害，全臺震驚，餘震頻傳，沒人敢再進去自己的房子，而更多房屋倒塌根本不得使用，屋毀親亡。證嚴法師一念深切的不忍，不忍災民在受災之後又要繼續餐風露宿或寄宿學校、軍營，沒有歸屬的家可棲息。在勘災的路上，心裏著急的想著：如何在最短的時間內，解決眾多災民無家可歸、無法安身的慘況。法師看到工地辦公的工務所，提供了想法。經過深思熟慮，決定用工地辦公室能迅速組合的建築方式，最快速的，解決災民的苦。在還沒有找到永久的居住處所前。

法師認為，災民是一時的災難，不是一世的落難。只要拉他們一把，他們很快地就會站起來，很快地會再闖出一片天，不要將簡易屋（組合屋）建成慘澹的難民營。簡易屋（組合屋）應該是人性化的、安全的、環保的，讓災民覺得溫馨、受到尊重的。讓他們能以簡易屋（組合屋）為出發點，重新開始人生的新旅程。所以慈濟決定採用 12 坪、衛浴設備齊全的簡易屋（組合屋）。

3. 大愛簡易屋

是為了取代帳篷用的簡易構築。2004 年 12 月南亞大海嘯，慈濟人送愛到南亞。災後初期，土地產權未明、永久住屋尚未有著落，如何即時給災民一個基本有尊嚴的生活品質？證嚴法師萌生了使用簡易組合屋取代悶熱帳篷的念頭。2010 年巴基斯坦水患，連賑災醫療中心的帳篷都會進水，更何況災民。最重要的，是帳篷沒有「家的感覺」。

法師訂下要求：設計自己想住的房子。

慈濟人開始這一項「不可能的任務」，著手研發簡易組合屋。研發過程備盡艱辛，各種材料運用、結構方式、接合方式、組裝方式、貨櫃運輸積材、小搬運料配件重量、隔熱、採光、通風、雨水回收、太陽能利用、材料回收再利用、環保等皆反覆琢磨。模型、實品屋數十方案前仆後繼，投入菩薩者眾，如後來的「國際慈濟人道援助會」住屋組④〔1〕。而每一方案幾乎都要經過法師在夏天中午親臨入內體驗、感同身受的這一流程。不論專業或非專業，只要有心、只要用心，只為解決災民的安身問題，讓他有個空間，有「家的感覺」。

時機成熟，2013 年海燕颱風重創菲律賓之後，慈濟人迅速搭建 473 間「簡易教室」供災區孩子當教室，及

■ 為讓貧困山民安居，慈濟援建甘肅劉川鄉來窯慈濟村（上圖）。印尼雅加達慈濟大愛二村，有學校、診所及宗教設施（下圖）。（上／王俊富攝；下／林炎煌攝）

■ 南投縣德興棒球場，慈濟為 921 震災鄉親援建組合屋（上圖）。海地地震，
慈濟於首都太子港發放簡易屋，並協助組裝（下圖）。*（上／林宜龍攝；下／李翠玲攝）*

充當人醫會義診場所、臨時開刀房使用。包括海燕風災災區 24 坪的 116 間，12 坪的 125 間，保和島強震災區 12 坪的 150 間，三寶顏動亂災區 24 坪的 62 間，12 坪的 20 間。

為解決災民住的問題，中、長計畫提供 2700 戶「大愛簡易屋」。包括 2 房、1 廳、1 廚、1 廁、每戶 1 至 4 人、6 坪的 1080 間，3 房、1 廳、1 廚、1 廁、每戶 5 人以上、8 坪的 1620 間。

「大愛簡易屋」的材料是以鍍鋅錏鐵加工為小梁、小柱，及 PP 瓦楞板為門、窗、牆。「簡易教室」約 1000kg ／間，「大愛簡易屋」6 坪的約 800kg ／間，8 坪的約 1000kg ／間。另外，也製作了組裝說明書供災民「以工代賑」「自己蓋自己的家」。

「大愛屋」援建規模比較大的，通常都會有相關的社區配套。如高雄杉林大愛園區裏就有道路、活動中心、耆老中心、教堂及小學等。

不僅如此，慈濟也為災民研發室內家具「福慧床」。「福慧床」坐、臥二用，PP 材質，原理同折疊椅，堅穩且收納方便。實用上，不僅賑災時提供災民，慈濟志工營隊活動寮房不足時也派上用場。「福慧床」研發的初發心，來自法師的一念不忍，來自慈濟人海外賑災時的

■ 巴基斯坦 2010 年 7 月發生大水患，出生 15 天的女嬰夏娜隨父母睡臥簡陋帳篷地面（上圖）。證嚴法師一念悲心，不忍幼嬰受苦，遂有後來「福慧床」的研發（下圖）。

　　　　　　　　　　　　　　　　　　　　　　（上/蕭耀華攝；下/陳仕杰攝）

一張照片，一張災民無家、無床、唯鋪地為床，小孩（夏娜）僅以包巾圍裹躺在地上的照片。

希望工程類建築

社會的希望在孩子，孩子的希望在教育。嚴格說來，「希望工程」是指 1999 年 921 集集大地震之後，慈濟認養為災區蓋的 51 所學校。後來，慈濟人對援建各地的學校，也普遍的稱為「希望工程」。

本書則泛指災後，為了安學，為了受災孩子而興建相關教育的學校、教室等建築。希望工程類建築分學校類、簡易教室類二種。

1. 學校類

為災區興建一所完整的學校，或校園部分受損，針對個別學校需求興建部分教室、校舍或校園。

如 2010 年 1 月，海地遭遇百年來罕見強震，損失慘重。慈濟為當地興建了聖恩修女會瑪莉安中學、聖恩修女會瑪莉安小學、主耶穌祕書學校。三所學校校地相連，總樓地板面積 8540 ㎡，是海地最大的鋼構建築，而且防震要求符合加勒比海地區的建築標準，三校於 2013 年 5 月啟用。

2. 簡易教室類

臨時使用之教室。如 2013 年海燕颱風後，慈濟人為菲律賓迅速搭建的 473 間簡易教室。如慈濟人為辛巴威自由小學搭建的 7 間簡易教室。自由小學的簡易教室於 2012 年 7 月啟用。如 2002 年 8 月啟用的桃園楊心國小 4 間簡易教室，是利用 921 組合屋的回收建材。

敬老院類

主要是在安徽、江蘇，各有 10 間、148 間。〔3〕485

醫病類

指上海東方肝膽醫院慈濟樓，及福建福鼎慈濟醫院。〔3〕485

簡易寺院類

2008 年，中國大陸四川發生汶川大地震，當時為了協助諸多倒塌寺院的法師們有一個臨時的安住場所，迅速搭建的簡易建築。

其他類

慈善賑災相關工程的還有福建海堤 2 處、甘肅水窖

19060 眼，類型多樣。[3] 485

　　慈善賑災類建築，在 A、B 的分類中，不論大愛屋類
或希望工程類，乃至敬老院類、醫病類、簡易寺院類，
幾乎都是屬於 A 類的新建建築，且是全部新建。極少數
的例外，是希望工程類中的簡易教室類，是新教室未蓋
好過應過度時期之臨時使用，居於珍惜資源、惜物愛物
的觀念，採用回收建材搭建。

醫療志業體類

　　主要是指佛教慈濟綜合醫院，從花蓮慈濟醫學中心啟
始，至於全臺的 6 院 1 診所，以及 2012 年在蘇州志業
園區成立的「蘇州慈濟健康促進中心」。也包括馬來西
亞、新加坡、印尼、菲律賓、美國、大陸福建福鼎，等
地所設立的醫院、義診中心、社區門診中心、健檢暨義
診中心、洗腎中心等機構之建築。[3] 496

　　醫療志業體類建築，在 A、B 的分類中，全臺的 6 院
1 診所，只有關山醫院，為了圓滿之前醫院院長的遺願
而接收經營，故裝修舊建築使用，是屬於 B 類；其餘皆
是 A 類，且是全部新建。海外的醫療志業體類建築，A
類、B 類各有。

教育志業體類

國內的教育志業體

　　主要是指國內的教育志業體，包括花蓮慈濟大學、花蓮慈濟技術學院、花蓮慈濟大學附屬高級中學（中學）、花蓮慈濟大學附屬高級中學（小學）、花蓮慈濟大愛托兒所，籌設中的慈濟大學苗栗分部，大林慈濟大愛托兒所，臺南慈濟高級中學（中學部）、臺南慈濟高級中學（小學部）、臺南慈濟大愛托兒所，高雄慈濟大愛托兒所，以及慈濟大學在本島 13 個城市附設的「社會教育推廣中心」。〔3〕504

　　教育志業體類建築（國內），在 A、B 分類中，皆屬 A 類新建建築，且是全部新建，而不是至少有一棟新建。

　　唯，托兒所為附設，屬於慈濟大學附設單位。而於各社區的「社會教育推廣中心」，多借用當地聯絡點或其他之空間，多數無獨立新建之建築。原則上，此二者只列入某類建築內之空間，不獨立列為一據點討論建築或分 A、B 類，不屬於本書研究的物件。

海外的教育志業體

　　包括，泰國：1 所中小學——佛教清邁慈濟學校。印

■ 醫療類慈濟建築,是以醫療功能為導向,外觀多典重莊嚴。如花蓮慈濟醫院(上圖)、玉里慈濟醫院(下圖)皆是。　　　　　　　(上/楊國濱攝;下/邱繼清攝)

■ 1986 年，慈濟首家醫院於花蓮啟業，而後臺北慈濟醫院（上圖）等多家醫院成立，並於中國設蘇州慈濟健康促進中心（下圖）。 *（上／顏明輝攝；下／黃天河攝）*

■ 教育志業體類慈濟建築：花蓮慈濟大學教育傳播學院大樓（上圖），印尼雅
加達金卡蓮慈濟大愛一村的慈濟中小學（下圖）。 （上/蕭嘉明攝；下/賴愛姍攝）

尼：幼稚園 2 所，小學、中小學、高職、高中各 1 所
——印尼慈濟幼稚園、小學，雅加達金卡蓮大愛幼稚園、
慈濟中小學、慈濟高職、慈濟高中。中國大陸：高級中
學 1 所——全椒慈濟第一高級中學。馬來西亞：兒童教
育中心 1 所、安親班 1 所、幼稚園 7 所、人文學校 17
所——如吉隆坡大愛兒童教育中心，麻六甲大愛兒童教
育中心附設幼稚園、馬來西亞分會幼稚園第一分園（檳
城）、第二分園（峇六拜）、第二分園（北海）、第四分
園（柔佛巴魯）、第五分園（高淵）、第六分園（吉打），
馬來西亞分會慈濟安親班，所屬馬來西亞分會的慈濟人
文學校，包括談汶、雙溪大年、高淵、檳城日落洞、檳
城發林、北海、大山腳等地，及吉打分會、吉蘭丹支會、
柔佛巴魯支會、怡保聯絡處、峇株巴轄聯絡處、玻璃市
聯絡處、日得拉聯絡處、登嘉樓聯絡處、彭亨聯絡處、
蘭卡威聯絡點等據點的慈濟人文學校。

澳洲：人文學校 3 所——澳洲、布里斯本、柏斯 3 所。
加拿大：人文學校 8 所——列治文、多倫多、高貴林、
溫哥華、素里、密西加沙、本拿比、北多倫多。美國：
幼稚園 3 所、小學 1 所、人文學校 23 所——美國大愛
幼稚園、慈濟達拉斯大愛幼稚園核桃慈濟大愛幼稚園，
美國慈濟小學。慈濟人文學校地點包括洛杉磯、西雅圖、

休士頓、紐約、亞特蘭大、夏威夷、新澤西州北部、新澤西州中部、芝加哥、聖馬刁、達拉斯、波士頓、爾灣、長島、庫菩提諾、聖荷西、華府、三藩市、聖迪瑪斯、新澤西匹茲堡、三谷、拉斯維加斯、邁阿密。〔3〕505

　　泰國清邁慈濟中小學，印尼雅加達慈濟中小學，原是慈善賑災裏的「希望工程類」，因連續扶困數年，將其列入教育志業體類。

　　海外的教育志業體類建築，如泰國清邁慈濟中小學，印尼幼稚園、小學、中小學、高職、高中，中國大陸全椒慈濟第一高級中學等，皆屬於 A 類的新建建築。

　　馬來西亞、澳洲、加拿大、美國等各國的「慈濟人文學校」系列，乃為宣揚慈濟人文而設，上課時間多為星期六、日，上課地點多借用當地學校教室或聯絡點之空間，故大多數無新建建築，屬於 B 類，不屬於本書研究的物件。

人文志業體類

　　主要是指臺北關渡的人文志業中心大樓，屬於 A 類的新建建築。

社區道場志工類

主要是指志業體以外，各社區裏，「人間菩薩」慈濟志工平時活動、災害救援、推展「四大志業」的據點，也就是一般慈濟人所說的分會、支會、聯絡處，或「靜思堂」。包括海內、海外。

資源回收是「社區道場」的多重功能之一。環保教育站及環保回收點，本論文將其歸為「社區道場類」，主要在於其社區特性強烈，各站、點皆深入社區，且各據點幾乎都附有環保教育站、點。即便社區沒有分支會聯絡處，也有眾多環保回收點。但屬於 B 類，不屬於本書研究的物件。

類別混合體

慈濟建築的類型分為 5 大類，主要是為了便於討論慈濟的建築物，同時對慈濟這個團體特性的概念建立，故以「四大志業」為主軸的分類方式。然而，就像每宗土地上常有新舊並存的建築物一樣，各據點的功能及其實際運作，很多並不是僅只單一某種類別，而是類別混合。尤其「社區道場類」常與其他類別是混合的。像臺中靜思堂（分會）與臺中東勢靜思堂（聯絡處）的模規、大小雖然有別，但室內空間功能都有屬於「人文類」的靜思書軒、屬於「社區道場類」的環保教育站、屬於「教育

■ 靜思堂建築多結合慈善、醫療、教育、人文、環保等功能而成慈濟園區。
如桃園靜思堂（上圖）、臺南靜思堂（下圖）。（上／蔡麗瑜攝；下／林宜龍攝）

■ 馬來西亞慈濟雪隆分會靜思堂（上圖），菲律賓分會靜思堂（下圖），是海外慈濟人堅定佛心師志、深入社區的修行道場。　　　（上／林炎煌攝；下／陳國雄攝）

類」的「社會推廣教育」功能的教室，因為主要屬性是社區，故都歸於「社區道場類」。像「關渡人文志業園區」該點，歸為「人文類」，但裏面除有人文志業，也有修建的社區道場。像「臺北新店慈濟醫院」該點，歸為「醫療類」，但裏面是新店慈濟醫院，同時有「靜思堂」。遇此情形，原則上以「四大志業」突顯為類別，而併於一類。

例外的是「花蓮慈濟大學校本部」、「花蓮慈濟醫學中心」、「花蓮靜思堂」三者，說來是在同一宗土地上，應擇一類而歸，但在整理上分為「教育類」、「醫療類」、「社區道場類」三類。

慈濟建築分為 5 大類，主要是針對建築物。海外有些機構雖歸為同類；但與慈濟基金會的組織系統或人事管理不見得是同一，因為各國法令本來不同、各地總會自有運作；不過，實質上皆是慈濟人在運作，且精神、理念皆相通。如海外之義診中心、社區門診中心、洗腎中心等機構，將其歸為「醫療志業體」；但其組織及運作是獨立於臺灣的。海外之人文學校、幼稚園等機構，雖歸類為「教育類」；但組織及運作是獨立於臺灣的，並不屬於慈濟大學。事實上，海外之「社區道場類」，組織運作實體也是以該國或當地「董事會」為主，並不屬

於慈濟基金會；但皆以「法脈」相連。因此，儘管其建築地點遠在花蓮之外的數百公里、數千公里遠，仍看得到屬於「慈濟建築」的特有。

小結

為了適時解決災民的難題而有「慈善賑災類」建築。為了行善的深入，需要瞭解民間疾苦，同時訓練志工、訓練幫助人的「菩薩」，也就有「社區道場志工類」據點的建立。為了行善的長久，需要長遠解決人類生活基本課題「醫療志業體類」、「教育志業體類」、「人文志業體類」的建築自然興建。

「人傷我痛，人苦我悲」。救身苦，也要解心苦。有適時災難之苦的解決，有長期生活之苦的改善。

每一類建築興建的內涵，無不是宗教情操「菩薩心腸」的反射。

慈濟建築的歷史

　　佛教，起源於西元前6世紀印度迦毘羅衛國的悉達多·喬達摩（佛號釋迦牟尼）對佛弟子開示的教導，後發展為宗教。對世界上，尤其東亞和南亞地區具有廣泛的影響力。至2010年，全世界約有12億佛教信眾，人數僅次於基督教、伊斯蘭教。

　　「佛教克難慈濟功德會」的腳印，從臺灣東部的花蓮出發，初期的主力是在花蓮、在東部做「慈善志業」，為了籌建花蓮慈濟醫院至北部，後來到西部、到全臺灣的腳印也就更廣泛而頻繁，足跡甚至世界各地。

　　歷史，依時間流來描述，可能比較接近原來。對於慈濟建築的歷史，自然也依連一彈指、一剎那都不息、都不可能回頭的時間（唯一主幹）來論述。

　　因此，本節的敘述：「志業體（類）建築」依四大八印開展時間（各主幹）的次第，進入各志業的第一棟開始迄今（枝），擇其重要（葉）中的精要而描述之；「賑災（類）建築」亦依發生時間（唯一主幹）於各國（次幹）的先後，並各自進入該國的第一棟開始迄今（枝），擇其重要（葉）中的精要而描述；「社區道場（類）建築」，

同樣是時間（唯一主幹）流。「土幹」是時間，「次幹」
是三類建築，三類再各自進入「分枝」而展出「葉子」。

當這樣論述之後，看這 50 年，似乎「賑災類建築」
是這三支「次幹」中較主要的。

「時間」流動如上呈現如一棵大樹——一棵自靜思精
舍建築琉璃根生的大菩提樹；「空間」發生則由花蓮、
西部、臺灣、乃至海外，呈現如法海裏滴下一滴水的漣
漪效應。

當歷史的鏡子彼此相照、相應、相映，觀察、透視其
中的匯聚、合和，或許可一窺、或了然其中「人與人之
間」不可思議的脈絡與因緣。

慈濟興建的第一棟建築，1967 年起 慈善賑災類建築

「佛教克難慈濟功德會」蓋的第一棟房子，屬於「慈
善賑災類」，是 1967 年啟用，為獨居、眼盲的感恩戶
李阿抛老先生所興建 5 坪大的新屋。興建的費用，是當
初證嚴法師與弟子們每天多做一雙嬰兒鞋，及 30 位信
徒、家庭主婦們用竹筒日存 5 毛買菜錢，縮衣節食而來。

那時候，證嚴法師師徒們借住普明寺。慈濟還沒有屬
於自己的房子。

1968 年在俗家母親王沈月桂女士的協助及向銀行貸

款之下，正式興建靜思精舍。1969 年 5 月 10 日（農曆 3 月 24 日）啟用，是慈濟功德會本會所在，是慈濟的發源地，是慈濟人心靈的故鄉。精舍原土地為證嚴法師俗家母親於 1966 年所購贈。

1971 年，因娜定颱風重創東部，慈濟為花蓮縣新城鄉嘉里村長期救濟的 3 戶貧民興建住房。地點與靜思精舍屬同一個鄉。屬於「慈善賑災類」。

1976 年 2 月完工啟用「慈濟康樂小築」第一期，6 棟 6 戶，供有眷災民居住。之後，災民逐漸遷出將房屋歸還功德會，功德會遂於原址改建為辦公室。興建地點在

■ 1967 年，慈濟為花蓮縣吉安鄉南華村個案李阿拋老先生援建空心磚鐵皮屋頂房子，是慈濟首例建房個案。　（圖片／慈濟基金會）

慈濟功德會右後方，土地為靜思精舍所有。「慈濟康樂小築」第二期，同年 6 月完工，3 棟 9 戶，供單身災戶居住。之後，居住於此的老人陸續往生，則提供給無家可歸的慈濟醫院患者居住。興建地點在新城鄉康樂村民眾活動中心附近，土地由鄉公所向臺糖購得交慈濟功德會興建。9 棟 15 戶鋼筋混凝土住宅，建坪各為 13 坪，因為 1975 年妮娜颱風的災民而興建，地點與靜思精舍屬同一個村。屬於「慈善賑災類」。

1986 年起 醫療志業體類建築

為幫助「因病而貧」的鄉親，慈濟決定興建醫院。三次換地，兩次動土，過程坎坷而艱辛。花蓮市中央路，慈濟醫院終於在 1986 年 8 月啟業，奠立「守護生命磐石」的慈濟醫療志業根基。新建大樓地面 5 層、地下 1 層，床數 250 床，包含內科、外科、婦科、兒科、眼科、耳鼻喉科等各科門診及病房。是「醫療志業體類」建築的第一棟。

花蓮慈濟醫院的第二期工程，增設病床 350 床。之後陸續擴建至今，包含「大愛樓」地下 1 層地上 6 層，「感恩樓」地下 2 層地上 10 層，「合心樓」地下 1 層地上 10 層。病床數再增設 427 床，總數達 1027 床，包括一

般病床 706 床，急性病床 500 床，急性精神病床 40 床，慢性病床 166 床，特殊病床 321 床，骨髓移植病床 4 床，燒燙傷病床 8 床，加護病床 87 床等，更多元而充足的提供東部的醫療需求，守護東部鄉親的生命。

醫院的附屬建築另有醫護人員宿舍，位主建築群後方，包括 10 樓的護理人員宿舍、各科主任宿舍、有眷醫師宿舍（35 坪／戶）、單身醫師宿舍（10 坪／戶）、副院長二樓雙併宿舍、院長獨棟二樓宿舍等。

「醫療志業體類」的硬體建築，除 1986 年落成啟業的花蓮慈濟醫院，是慈濟六院裏唯一的一家醫學中心。另有 1999 年 3 月啟業的花蓮玉里慈濟醫院新院區，病床數 33 床。2000 年 3 月啟業的臺東關山慈濟醫院，病床數 43 床，屬 B 類。2000 年 8 月啟業的嘉義大林慈濟醫院，病床數 930 床。2003 年 10 月啟業的大林慈濟醫院斗六門診中心。2005 年 5 月啟業的臺北新店慈濟醫院，病床數 995 床。2007 年 1 月啟業的臺中潭子慈濟醫院，病床數 1036 床〔3〕494。至此，全臺的慈濟醫療網於焉完成。

另，大陸的「蘇州慈濟健康促進中心」也於 2013 年 3 月揭牌。

海外「醫療志業體類」的硬體建築興建歷史，多半隨

著當地志業的發展、醫療的需要或人醫會而獨立成立或與分支會位於同據點成立醫院、義診中心、社區門診中心、健檢中心、洗腎中心等機構。少有 A 類建築，多屬 B 類建築。

1989 年起 教育志業體類建築

1989 年 9 月，位花蓮市建國路的慈濟護理專科學校啟用。建築空間包含一般學校應具備的基本內容如普通教室、特殊教室、圖書館、室內體育館、運動場、行政中心、餐廳、教職員及學生宿舍等。慈濟護專後來改制為慈濟技術學院。是「教育志業體類」建築的第一棟。

「教育志業體類」的硬體建築，除 1989 年落成啟用的慈濟護理專科學校。另有，1994 年落成啟用的慈濟醫學院，後來改制為慈濟大學。2000 年落成啟用的慈濟大學附屬高級中學（中學、小學）。2007 年落成啟用的臺南慈濟高級中學（中學、小學）。

另，1998 年中國大陸安徽全椒慈濟第一高級中學落成啟用。2003 年印尼慈濟幼稚園、印尼慈濟小學、雅加達金卡蓮大愛幼稚園、雅加達金卡蓮大愛村慈濟中小學、雅加達金卡蓮慈濟高職、雅加達金卡蓮慈濟高中，落成啟用。2005 年泰國清邁慈濟學校小學部，落成啟

用，2012 年泰國清邁慈濟學校中學部，落成啟用。

海外「教育志業體類」，除中國大陸、泰國、印尼，建築物為 A 類；其餘以「幼稚園」及「慈濟人文學校」為主，且硬體多借用當地現有空間，建築物鮮有 A 類。

1990 年起 社區道場志工類建築

東部：1990 年 5 月全省委員聯誼在此舉行，首次啟用花蓮靜思堂。1986 年 8 月 17 日動土，當年稱紀念堂。證嚴法師希望以靜思堂這棟具體的建築，呈現慈濟人「無緣大慈、同體大悲」的慈悲濟世精神，並為後世弟子保存慈濟的歷史足跡。空間主要內容包含挑高 13 層樓的講經堂、法華坡道（展示緩坡回廊、可代替樓梯、環繞主體空間講經堂）、藏經閣、佛教文物展示室、慈濟世界展覽館、感恩堂、大小階梯會議室（含國際會議廳）、大小會議室、大小講堂、文史館、辦公室、齋堂（餐廳）、寮房（宿舍）、慈濟道侶廣場等。部分空間目前未開放或調整使用內容，如齋堂（餐廳）已移至後方另興建同心圓餐廳，如地下一樓增設了靜思書軒。花蓮靜思堂地點在花蓮市中央路慈濟醫院旁，是所有「社區道場志工類」建築的第一棟，也是東部此類建築的第一個 A 類據點。

東部「社區道場志工類」A類建築，之後還有2010年啟用的玉里靜思堂、臺東靜思堂等。

南部：1991年4月，位屏東縣長治鄉的屏東靜思堂（分會）啟用。在此之前，屏東地區的冬令發放原來一直借用東山寺，至1977年12月首次遷至圓通寺舉辦，並在此成立屏東分會，正式辦理濟貧慈善工作。土地由邱維生醫師捐獻。屬於「社區道場志工類」建築，是南部的第一個A類據點。〔11〕

南部「社區道場志工類」A類建築，之後還有2006年9月啟用的高雄靜思堂、臺南靜思堂、西螺靜思堂、嘉義靜思堂、大寮靜思堂、小港靜思堂、東港靜思堂、潮州靜思堂等。

北部：1991年10月，位臺北市忠孝東路的臺北靜思堂（分會）啟用。屬於「社區道場志工類」建築，是北部的第一個A類據點。在此之前，1983年5月，鄭李實先提供閒置之濟南路房子供慈濟使用，為臺北分會之伊始。[11]

北部「社區道場志工類」A類建築，之後還有2006年12月啟用的桃園靜思堂、2012年6月啟用的中正萬華靜思堂、2014年1月啟用的新竹靜思堂、基隆靜思堂、雙和靜思堂、三重靜思堂、蘆洲靜思堂、板橋靜思

堂、新店靜思堂等。

　中部：1992 年 10 月，位臺中市民權路的臺中靜思堂（分會舊會所）啟用。在此之前，1970 年，達宏法師與達彥法師本著護持同道的情誼，率領座下弟子從事濟貧、勸募工作。1985 年在民權路成立會址。1986 年移至民權路對面，同年 3 月臺中分會成立。直至 1992 年靜思堂啟用，屬於「社區道場志工類」建築，是中部的第一個 A 類據點。〔11〕

　中部「社區道場志工類」A 類建築，之後還有 2003年 1 月啟用的彰化靜思堂、2006 年 12 月啟用的豐原靜思堂、2008 年 1 月啟用的清水靜思堂、2011 年 3 月啟用的東勢靜思堂、2013 年 1 月啟用的臺中靜思堂（新分會）、2014 年 7 月啟用的竹山靜思堂等。

　「社區道場志工類」建築歷史，於臺灣開展的第一步，略為 1990 年代。依序先有東部，次於南部、北部，再中部；但時間上差別不大。之後並依此四大區發展，開枝散葉。

　海外：2000 年 6 月位溫哥華的加拿大靜思堂啟用。1992 年慈濟加拿大分會在溫哥華成立，之後陸續在多倫多、卡加利、渥太華成立據點。

　2003 年 8 月，馬來西亞靜思堂啟用。1989 年第一顆

種子萌芽。1993 年 8 月馬來西亞第一所慈濟聯絡處在檳城成立。

2005 年 10 月，位巴西立社區的新加坡靜思堂啟用。1987 年第一顆種子萌芽。1993 年 9 月新加坡分會成立。

2008 年 03 月，位計順市的菲律賓靜思堂啟用。1994 年 11 月菲律賓第一所聯絡處成立。

2012 年 10 月，位於雅加達的印尼靜思堂啟用，四大志業融入其中，未來「醫療志業體類」、「教育志業體類」、「人文志業體類」的建築皆包含其中。印尼靜思堂是從 1993 年第一顆種子在印尼開始，2003 年 9 月成立基金會海外第十五個分會，至今而有的規模，是目前全球「社區道場志工類」建築中規模最大。

睽諸海外「社區道場志工類」建築的興建啟用，距離當地第一顆種子萌芽的時間，多半要經過至少 10 年以上，乃至 20 年的經營及努力。

血濃於水，1991 年起 在中國

1991 年－中國－水患：1991 年，華中、華東地區水患，傷亡無數。慈濟人本著「人傷我痛、人苦我悲」的心懷，選擇受災最嚴重的地區，展開援助。在 1992 年至 1993 年間，分別啟用大愛屋、永久屋：位於江蘇省泰州市、

興化市等 15 個社區的 568 戶，河南省信陽市固始縣、
息縣 34 個社區的 1594 戶，安徽省滁州市全椒縣 14 個
社區的 945 戶；分別啟用敬老院：位於江蘇省興化市海
南鎮蔡高村的 148 間，安徽省滁州市全椒縣的 10 間；
分別啟用學校：位於江蘇省泰州市興化市的 8 所，包括
新城、舍陳、嚴家、東鮑等慈濟小學，戴窯、周莊、蕩朱、
周奮等慈濟中學，位於安徽省滁州市全椒縣的 5 所，包
括官渡慈濟小學、中學、全椒慈濟中學、丁拐慈濟小學、
銅陵安平慈濟中學。

　　合計因為 1991 年大水患，在安徽省全椒、江蘇省興
化、河南省固始、息縣，三省四縣所興建的「慈善賑災
類」建築，包括「大愛屋類」之「大愛屋永久屋類」建
築 3107 戶，「希望工程類」之「學校類」建築 13 所，
「敬老院類」建築 158 間。

　　回顧歷史，1991 年兩岸政治關係仍然封閉而緊張，
法師所做決定非一般人，慈濟人當時在臺灣、在街上募
款，所遭遇的不僅僅是拒絕捐款，而是要搶捐款箱不給
募款、更多的辱罵、甚至是揮拳相向慈濟人！

　　行善、做好事，有時並不容易。更遑論到災區，就地
興建「大愛屋」、興建「希望工程」，所面臨的種種困難、
考驗。

1994 年－中國－水患：慈濟對中國大陸需要扶助的鄉親，並沒有因為 1991 年水患的過去而結束，血濃於水，反而繼續「聞聲救苦」。繼續為受苦災民興建「慈善賑災類」的「大愛屋類」之「大愛永久屋類」建築，如 1994 年水患，在廣西省貴港、藤縣，興建 97 戶「大愛永久屋」。1995 年水患，在江西省都昌縣興建 58 戶「大愛永久屋」。1998 年賀伯颱風水患，在湖南省華容縣興建 63 戶「大愛永久屋」。2006 年水患，在廣東省大浦縣、乳源縣興建 155 戶「大愛永久屋」，在福建省順昌縣、漳埔縣興建 203 戶「大愛永久屋」。2012 年水患，在福建省順昌縣興建 400 戶「大愛永久屋」。

　　1999 年－中國－長期扶困計畫：「地無三里平」，對貴州省、甘肅省同胞的貧困，證嚴法師百般不捨，慈濟在這二個省，長期且持續的扶困計畫是「聞聲救苦」的典型。時間，持續至今未斷；空間，是在那麼遙遠的窮鄉僻壤，當然不只這二個省。慈善志業的推展並沒有因此而懈怠。

　　有關「慈善類」建築的興建，在貴州省的至少包括：1999 年 1 月落成啟用的烏灣慈濟小學，位於苗族、侗族自治州丹寨縣。2002 年 10 月落成啟用的大愛永久屋 368 戶，位於貴陽市花溪區的 9 個地點。2007 年 10 月

落成啟用的大愛永久屋 32 戶，及平岩學校學生宿舍，位黔南布依族、苗族自治州羅甸縣。2013 年 10 月落成啟用的大愛永久屋，位於貴州省遵義縣鳳岡縣。及吉日落成啟用的大愛永久屋 18 戶，位安順市紫雲苗族、布依族自治縣的危房改建。

在甘肅省的至少包括，2004 年 6 月落成啟用的水家慈濟小學。2005 年 6 月落成啟用的三嶺慈濟小學。2006 年落成啟用的大愛永久屋 18 戶，位臨夏市東鄉族自治縣。2011 年 1 月落成啟用的大愛永久屋 210 戶，位白銀市靖遠縣劉川鄉來窯慈濟大愛村。2012 年 12 月落成啟用的大愛永久屋 300 戶，位白銀市靖遠縣慈濟大愛村。2012 年 12 月落成啟用的劉川慈濟小學，位白銀市靖遠縣劉川鄉來窯村。

2008 年－中國－地震：2008 年 5 月 12 日，中國大陸四川省的汶川縣發生百年罕見大地震，芮氏規模 8.0，改寫了當地命運，近七十三萬人失去家園。

慈濟人「慈濟川緬膚苦難，大愛善行聚福緣」，17 梯次的短期急難賑災醫療團進入災區關懷鄉親。生活物資的發放包括，環保毛毯 4 萬條、家庭生活袋 3 萬 669 個、蒸飯機 10 個、白米 5 千公斤、環保碗 12 萬 5220 個、環保筷 13 萬 2365 雙、冬令發放 3 萬 1090 戶 (6 萬 43

人）、熱食供應 81 萬 8580 人次，急難醫療藥品援助 9
萬人份、及入厝禮 1 萬 9757 戶（5 萬 4459 人）。〔16〕
08.105

除持續、深度陪伴膚慰災民，及生活物資協助外，慈
濟還緊急興建簡易寺院（板房）、簡易教室（板房），及
援建大愛永久屋（安居房）、服務中心及學校。簡易寺
院包括，德陽市什邡市師古鎮聖觀音寺、紅白鎮佛光寺、
瀚氏鎮玉佛寺、瑩華鎮老鋆華寺、瑩華鎮海會堂，德陽
市綿竹市東北鎮廣化禪院、九龍鎮無隱寺、九龍鎮雲悟
寺，成都市彭州市小魚洞鎮鐵瓦寺等 9 間。簡易教室
包括，什邡市洛水中心幼稚園、八一小學、中心小學，
什邡市洛水中學、靈傑中學，遊仙區小梘溝鎮小梘中學
等 6 所。服務中心包括，什邡洛水、綿竹漢旺服務中心
等 2 間。學校包括，什邡市洛水慈濟幼稚園、小學、中
學、什邡市方亭中學，旌陽區孝泉中學，遊仙區經濟試
驗區慈濟中小學、遊仙區朝陽中小學、名山縣前進鄉中
心小學、名山縣第一中學，金堂縣韓灘小學、金堂縣楊
柳小學，邛崍市牟禮鎮永豐小學幼稚園等，13 所學校於
2010 年 11 月於洛水慈濟中學舉辦聯合啟用典禮。

512 汶川地震，合計援建「慈善賑災類」的建築，包
括「簡易寺院類」的建築 9 間，「希望工程類」「簡易

教室類」的學校 6 所，「大愛屋類」「大愛永久屋類」的建築 91 戶，「其他類」的服務中心建築 2 間，及「希望工程類」「學校類」的建築 13 所。

遠赴輻員遼闊、氣候千萬的中國大陸各地，對臺灣小島、四季如春的慈濟志工而言是一種考驗。尤其去的很多地方交通極度不便、生活物質條件難堪。救災，還要建房，還需要三番又五次的前往，而且每次都是自費自假前往，深入到連遊山玩水都令人覺得辛苦的災區。

尊重生命，1993 年起 在尼泊爾

1993 年夏，尼泊爾中南部、東部因連續豪雨造成三大河氾濫，死亡人數逾千，受災人口 40 餘萬人。

尼泊爾被列為世界十大貧窮國之一。慈濟選定受災最嚴重、受助資源最少的薩拉衣、勞特哈特、馬克萬普三縣作為賑災重點，為流離失所的災民興建房屋。在尼國政府提供的七塊土地上，選定交通便利、土地安全、居民就業發展條件較好的四區興建大愛屋。

大愛屋，磚造一樓、金屬屋頂，建材就地取用便於日後修繕。每戶室內 11 坪（當地平均低於 10 坪），包含臥室、客廳、廚房、衛浴，室外庭院 53 坪供種植、豢養家畜。雙併及 10 戶連棟配置，社區道路 8 米、10 米、

20 米，並有公園綠地等配套。

此次水患，在尼泊爾南方的三縣四區共援建「大愛永久屋類」建築 1800 戶，包括勞特哈特縣的寶拉衣慈濟村 300 戶、桑塔普慈濟村 600 戶，馬克萬普縣的巴當波卡里慈濟村 400 戶，薩拉伊縣的敘卡波卡里慈濟村 500 戶，並於 1995 年 6 月全部完工交屋。

逐一克服雙方在語言、宗教、救援慣例、辦事績效等的種種差異，不斷積極主動傳達慈濟「尊重生命」、「拔苦與樂」的心懷，及心繫災民的真誠心意，最終取得該國上下的認同及信任，願意配合本會「直接、重點」務實的救援原則，成全慈濟完成親自勘災、擬訂救援方向、遴選建商、議價、發包、監工、發放所有權狀等，「親手遍布施」的一貫作業。

不忍眾生受苦難，1995 年起 泰北

1949 年，超過 6 萬人的中華民國國軍，從滇緬輾轉流亡到泰國北部的叢山峻嶺，64 個難民村的鄉親，淪為非法入境的難民。中華民國僑務委員會從 1954 年開始編列預算長期援助泰北災胞，1994 年底預算用罄，商請慈濟接續。自此慈濟展開「泰北三年扶困計畫」，內容包括修建房舍、興建學校、老兵贍養、農業輔導、個

案濟助等。

鋼筋混凝土取代殘破茅草房，四處的慈濟村分別在清萊省皇太后縣回賀興建 56 戶、密歲縣萬偉鄉滿嘎拉興建 35 戶，清邁省芳縣昌隆興建 28 戶、密埃縣密撒拉興建 11 戶，配套是自來水給水工程、聯外道路、村內道路加長等公共設施，共 130 戶「大愛永久屋」於 1996 年 7 月前全部完成。

「希望工程類」「學校類」的建築，2005 年 5 月清邁慈濟學校小學部啟用開學，是慈濟在海外辦學的第一個據點。2012 年 5 月清邁慈濟學校中學部啟用。

臺灣第一個具社區形式的大愛永久屋，1997 年

1997 年 3 月，南投縣仁愛鄉力行村翠巒部落災民的遷村工程，35 戶居民歡喜入厝。本案是因 1994 年 7、8 月凱特琳颱風、道格颱風接連襲臺成災，慈濟人即時關懷災民，提供熱食、物資、義診、清掃等，之後持續的中長期賑災行動之一環。房屋的興建及修建，另外還包含新竹縣偏遠山區 1 戶重建、2 戶整修，南投縣仁愛鄉、埔里鎮、信義鄉 19 戶住屋受損嚴重無力復原的散戶就地重建，高雄縣岡山鎮 3 戶、路竹鄉 1 戶房屋全倒的修建。翠巒部落的遷村，每戶 36 坪，形式為 2 戶雙

並兩層鋼板建築，共 31 棟，其中 2 棟各提供給 3 位單身鄉親，各項工程設計、施工當時是由南投縣政府負責，慈濟基金會提供資金，並與災民一同監督工程品質及進度，屬於「慈善賑災類」建築，為臺灣第一座慈濟村、第一個具社區形式的大愛永久屋據點。

黑菩薩，1997 年起 南非

貧富懸殊、高失業率、治安惡化，始終是南非的社會問題，即使 1994 年種族隔離政策廢除，經濟、文化、教育等建設仍百廢待舉。

面對普遍的貧窮現象，當地一群臺商本著回饋的心，1992 年開始推展慈濟志業，長期從事濟貧、救急工作。相關「慈善賑災類」建築，1997 年 11 月啟用屋谷沙凱小學及托兒所，1999 年 3 月啟用泰地小學、12 月啟用屋丹尼小學，2000 年因水患於約翰尼斯堡亞歷山大區建大愛屋 69 戶，相關配套包含遊樂場、福利社、電話亭、公廁衛浴、活動中心等公共設施，是南非第一所慈濟村。2000 年 10 月啟用蘭根雅瓦小學，2001 年 3 月啟用馬克洪雅納小學、10 月啟用壇布莎母小學，2004 年 7 月啟用坦比西威小學與托兒所。

因扶困及水患，南非一步一腳印，步步踏實做，共計

興建「希望工程類」「學校類」建築 7 所，「大愛屋類」
「大愛永久屋類」建築 69 戶。

只要走得到，1998 年 秘魯

1998 年秘魯水患，慈濟在南巴耶給省契克拉由縣興建
「大愛永久屋」100 戶。

只要做得到，1999 年 土耳其

1999 年 8 月土耳其地震，慈濟在歌覺市興建包含禮
拜堂、公園、警衛室、醫療站和籃球場等公共空間在內
的大愛慈濟村。「大愛屋類」之「大愛永久屋類」建築
300 戶、「希望工程類」之「學校類」的德沙那小學，
皆於 2000 年 1 月交屋啟用。

慟眾生 淚已乾
1999 年 9 月 21 日凌晨 1 時 47 分 15.9 秒

1999 年 9 月 21 日凌晨 1 時 47 分 15.9 秒，臺灣南投
縣集集鎮發生大地震，是 20 世紀末，臺灣傷亡損失最
大的天災。車籠埔斷層錯動，地表造成長達 80 公里的
破裂帶，全島均感受到嚴重搖晃，共持續 102 秒，造成
2415 人死亡、30 人失蹤、11306 人受傷、53768 棟房

屋半倒、51711 棟房屋全倒。21 國、38 支救難隊鼎力相助，用先進儀器與技術搶救生命。

　無數藍天白雲慈濟志工在強震過後，迅速動起來。互報平安後，鄰近災區的志工立即摸黑前往勘災，並在災區各地陸續成立救災服務中心，展開物資、人力支援，設定點供應熱食、醫療服務，發放慰問金、民生用品，慰撫照顧生還者，為往生者助念入殮，等「急難救助」。

　慈濟擬定了「急難救助」、「安頓與關懷」、「復建與重建」三階段的賑災步驟。「急難救助」是物資援助、緊急醫療援助、心靈膚慰。「安頓與關懷」是「安心」膚慰心靈、「安生」關懷生活、與「安身」興建組合屋。「復建與重建」是希望工程、健康、社區文化的長期救助工作。

　1999 年 9 月 28 日慈濟大愛村最先在南投市中興新村德興棒球場動工，接著陸續於臺中、南投、雲林共 19 處動土興建。包括，臺中市復興路戰基處 118 戶，臺中縣東勢鎮林管處 50 戶，新社鄉東興路 22 戶，豐原市豐洲路 56 戶，大里市仁化路 283 戶，霧峰鄉吉峰西路 30 戶，南投縣南投市德興棒球場 164 戶，南投市文化路 52 戶，草屯鎮太平路 150 戶，集集鎮初中路 138 戶、兵整中心 100 戶，埔里鎮西安路 106 戶、信義路 320 戶、

中正一路 20 戶，國姓鄉長豐村 40 戶、福龜村 28 戶、乾溝村 16 戶、石門村 36 戶，雲林縣斗六市大學路 14 戶。每戶坪數以 12 坪為主。共 1743 戶大愛組合屋，於 1999 年 12 月 31 日，於百日時間快速完成。

同時也興建簡易寺院 13 間。包括，臺中縣霧峰鄉萬佛寺 1 間，南投縣草屯鎮廣輪精舍 4 間，竹山鎮明善寺 4 間，國姓鄉東方淨苑 4 間。

興建其他建築 28 間。包括，臺中縣和平鄉雙崎派出所 2 間，霧峰消防隊 7 間，東勢消防隊 9 間，南投縣乾峰社區守望相助亭 1 間，國姓石門臨時圖書館 9 間。

興建簡易教室 133 間。包括，桃園縣楊心國小 4 間。南投縣竹山高中 30 間，南投國小 25 間，大成國中 14 間，草屯商工 26 間，乾峰國小 3 間，桃源國小 12 間，虎山托兒所 5 間。嘉義縣梅山國中 3 間。高雄縣烏林國小 11 間。每間坪數以 12 坪、20 坪為主。

中期賑災行動的「安頓與關懷」之後，慈濟繼續「復建與重建」，共重建了 51 所國中、小學，其中認養 40 所、教育部委託興建 11 所。地點包括臺中縣 15 所、南投縣 33 所、嘉義縣 2 所、臺北縣 1 所。嘉義縣 2 所是 1022 地震受災重建，臺北縣 1 所是 331 地震受災重建。臺中縣 15 所，包含大里高中、豐東國中、太平國中、

國小，東勢國中．國小，塗城、瑞城、五福、霧峰、桐林、僑榮、石岡、東新、新社等國小。南投縣33所，包含旭光高中，埔里、大成、集集、社寮等國中及國小，中寮、中興、爽文、南投、國姓等國中，南投、漳和、平和、至誠、中原、炎峰、僑光、福龜、北山、北港、國姓、桃源、中峰、溪南、東光、延平、竹山、中州、鹿谷等國小。嘉義縣2所，包含民和國中、大吉國中，及2004年1月啟用的臺北縣清水國小，是重建中最後一所完工的。〔11〕

世紀末的大災難，慈濟人「苦民所苦」，世紀末前迅速興建「慈善賑災類」的建築，包括「大愛屋類」之「大愛組合屋類」的建築1743戶，「希望工程類」之「簡易教室類」的建築133間，「簡易寺院類」的建築13間，「其他類」的建築28間，以及「希望工程類」之「學校類」的建築51所。

慈濟建築，只為「安身」，安災民的身。並求最快為災民除苦。

大愛無國界，2001 年起 薩爾瓦多

2001年1月14日，中南美洲的窮困小國薩爾瓦多，先有風災的無情摧殘，繼又遭到地震浩劫，芮氏規模7.6

強震，造成 7 百多人死亡、4 千多人受傷，近 20 萬戶房屋半倒或全倒。國力一蹶不振。

慈濟用愛修補震裂的心。相關「慈善賑災類」的建築，於自由省薩卡哥友市援建大愛屋 340 戶、慈濟一村慈濟中小學 1 所，於鄉米可市援建大愛屋 835 戶，慈濟二村慈濟中小學 1 所。大愛屋格局二房一衛一廚 10 坪，施工採空心磚植入鋼筋再灌水泥，相較過去臨時搭建的 5 坪鋅板屋算是豪宅。慈濟大愛村內除有學校，另有活動中心、足球場、診所、職業訓練中心、大愛農場等配套。

合計興建「大愛屋類」「大愛永久屋類」建築 1175 戶，「希望工程類」「學校類」建築 2 所。住戶一一領取住屋權狀、鑰匙、入厝禮，於 2004 年 3 月以前包含學校全部交屋及啟用。

2012 年水患，慈濟同樣援建薩爾瓦多「大愛簡易屋類」建築 85 戶。

整體復建，2001 年 印度

2001 年 1 月 26 日芮氏規模 7.9 的強震，造成印度兩萬多人死亡。11 月法國關懷基金會 (Care France) 總裁瑪莉娜女士 (Marina) 與夫婿及執行長菲立浦 (Philippe Leveque) 先生專程前來，與慈濟簽訂印度地震重建計畫。

針對古茱拉底省重災區可達村，興建具防震效果的鋼筋混凝土住房，並提供飲水、教育、職業訓練等整體復建計畫，期望改善地震災民困境。227 戶「大愛永久屋類」建築於 2002 年 10 月落成交給災民。

五管齊下，2002 年起 印尼

2002 年－印尼－水患：2002 年 1 月，雅加達發生印尼二十年來最嚴重的水患，紅溪河畔的災民無家可歸，終日浸泡在汙水裏一個月，其中以雅加達北區貧困的卡布村最為嚴重。

印尼慈濟人不忍，針對重災區卡布村提供協助，帶動政府及華人企業家展開重建方案，包括建房與河川整治。抽水、消毒、清掃、義診、大愛屋，五管齊下。大愛一村，安置沿岸拆遷戶，由政府提供土地，建在靠近雅加達市區的金卡蓮村，5 層樓共 55 棟，每戶均有臥室、客廳、廚房、衛浴。社區並規劃完善的配套，包括義診中心、老人院、商店、市場、活動中心、職訓所等。一期 482 戶，二期 618 戶。1100 戶的「大愛永久屋類」建築於 2003 年 8 月全部交屋啟用。「希望工程類」之「學校類」的金卡蓮大愛村慈濟中小學則於 2003 年 7 月啟用。2005 年，位於雅加達市慕業拉紅溪漁村區，可

容納 600 戶的大愛二村一、二期完成啟用。

2005 年 7 月，位於爪哇省茂物縣巴隆市「希望工程類」之「學校類」伊斯蘭教的阿爾阿斯利亞‧奴魯亞‧伊曼習經院落成啟用。

2004 年－印尼－海嘯：2004 年 12 月 26 日，本世紀最大地震發生在印尼亞齊省，地震強度達芮氏規模 9.0，一陣劇烈的天搖地動，引起的海嘯更波及十二個國家。

「大愛進南亞，真情膚苦難」全球募心募款，慈濟選擇受災最重的二個地方馳援，包括印尼亞齊特區及斯里蘭卡的漢班托塔縣。相關「慈善賑災類」的建築，在印尼亞齊特區，慈濟興建了亞齊大愛一村 876 戶及亞齊大愛一村幼稚園、小學、中學，亞齊大愛二村 850 戶及亞齊大愛二村幼稚園、小學、中學，亞齊大愛三村 1002 戶及亞齊大愛三村幼稚園、小學、中學。每戶 12 坪，兩房一廳、一衛浴，雙拼藍瓦白牆，室外保留空地供植栽。社區並有清真寺、診所、商店、兒童遊樂園、運動場等配套。

因世紀地震，總計慈濟在亞齊蓋了三個慈濟村，包含「大愛屋類」「大愛永久屋類」建築 2726 戶，「希望工程類」「學校類」的建築 9 所，並於 2009 年 12 月以前分批交屋啟用。

2006 年－印尼－震災：2006 年 5 月 27 日，印尼中爪哇省日惹 (Yogyakarta) 發生芮氏規模 6.2 的強震，傷亡慘重，學校教室被毀，學生只能在高溫悶熱的臨時帳棚裏學習。慈濟基金會印尼分會將「印尼日惹慈濟希望工程」列入長期援助的一環，在日惹班圖爾縣傑提斯鎮興建學校，包括傑提斯第一國立高中、中學、小學、德里摩約國立小學、仲卡蘭國立小學，共 5 所「希望工程類」之「學校類」的建築。

2007 年－印尼－扶困：2007 年 7 月，因扶困，在雅加達卡里德拉斯卡瑪律區甘柏恩·北拉剛村啟用「大愛永久屋類」建築 106 戶。2008 年錫江馬麗唆村 500 戶。2008 年 6 月雅加達市西巴德曼干村 138 戶。2008 年 6 月雅加達市椰風新城 100 戶。2009 年 2 月西爪哇省萬隆加密卡村 12 戶。2009 年 3 月錫江馬麗唆村 75 戶。2011 年 6 月雅加達紀鄰精區 43 戶。2012 年 8 月魯布·布阿雅街 100 戶。

印尼社會原來排華嚴重。慈濟人用心經營，慈濟建築一批一批的興建，為當地弱勢及災民除苦；也因此，改變了當地華人自己的「苦境」。

人傷我痛，2003 年 伊朗

2003 年 12 月 26 日清晨 5 點 28 分，天未亮，鎮民還在被窩中熟睡。突然一陣天搖地動，10 幾秒鐘，2 千多年的古城，伊朗巴姆 (Bam) 鎮，瞬間夷為平地。土磚樓房如積木般垮下，頓時，整座城市煙塵彌漫，哀鴻遍野，數萬名鎮民被壓在瓦礫之中。塵埃落定，巴姆已是一城廢墟。

旋即，28 日 19:00，慈濟基金會的同仁一行 8 人迅速整裝出發，從臺北飛泰國，再轉往德黑蘭。帶著 12 箱各重 180.5 公斤的醫療用品，及 10 箱 120 公斤重的應急物資，日夜兼程趕到伊朗。

相關「慈善賑災類」的建築，慈濟後來在卡曼省・巴姆市為災民興建了 5 所學校，包括法泰咪耶 (Fatemieh)、阿達巴 (Adab)、茉塔哈莉 (Motahari)、納吉米耶 (Najmieh)、帕敏 (Parvin Etesami)。5 所「希望工程類」之「學校類」建築於 2007 年 3 月完工交給當地政府。

世紀海嘯，2004 年 斯里蘭卡

2004 年 12 月 26 日，印尼蘇門答臘西北方海底發生芮氏規模 9.0 強震，引發高達 10 餘公尺的大海嘯。位處印度東南方的島國斯里蘭卡，在地震兩個多小時後遭受海嘯襲擊，全島 70% 的海岸線受創，超過 3 萬人罹難。

慈濟馳援南亞災民，在斯里蘭卡漢班托塔縣實梨布普拉興建包含社區中心、醫療診所、集會堂、職訓所等公共設施在內的慈濟大愛村。「大愛屋類」之「大愛永久屋類」建築 649 戶於 2006 年 4 月交屋，是日慈濟人並為居民準備 20 公斤白米、兩瓶油、兩包糖做為入厝禮。2008 年 1 月「希望工程類」之「學校類」建築，斯里蘭卡漢班托塔國立慈濟中學正式啟用。

從伊朗巴姆，令人不禁思索：距離臺灣五千公里、遠在天邊之外的巴姆，究竟其與慈濟（建築）何干？直到南亞海嘯的斯里蘭卡，不僅有「大愛屋」的規模，甚且有「大愛村」的規模。慈濟建築肯定需要建築師的專業貢獻；但要成就在漢班托塔的這分作為，是否有建築專業就夠？或者頭腦聰明、有智慧就夠？抑或只要我有愛心、我有慈悲心就夠？

我是建築師、我是人，歷史是鏡，似乎可以從中得出些許觀察、覺察及覺醒。

2005 年，人文志業體類建築

2005 年 1 月，位在臺北關渡的慈濟人文志業中心大樓正式啟用。裏面集中了慈濟人文志業體的各個部門，包含 1967 年創刊的慈濟月刊、1985 年電臺開播而今為

大愛網路電臺、1986 年成立的慈濟道侶檀施會、1998
年創刊的經典雜誌、1998 年開播的大愛電視臺等。屬
於「人文志業體類」、A 類建築，是全臺第一棟，也是
唯一一棟。

人苦我悲，2008 年 緬甸

2008 年 5 月納吉斯風災造成緬甸全國有 1800 多所學
校受損，慈濟與仰光省教育部簽約援建頂甘鐘第四中小
學、雅倫第四高級中學、馬揚貢第一高級中學。三所「希
望工程類」之「學校類」建築於 2013 年 6 月完成移交
緬甸教育部。

典範 88 天，2009 年 莫拉克颱風

2009 年 8 月 7 日，莫拉克颱風從臺灣東部登陸，外
圍環流在 3 天內降下 3 千多毫米（超過臺灣 1 整年）雨量。
死亡人數至少 619 人。

災後，全臺總動員，各地慈善人士及慈善團體皆投入
救災，慈濟也在此行列中，且積極參與大愛永久屋的興
建。高雄市杉林區的「杉林慈濟大愛園區」，共興建了
1002 戶的大愛永久屋，同時依照入住部落災民的區位，
建立他們各自的公共設施，包含活動中心、社區醫療中

心、鄉鎮公所聯合辦公處、小學、信仰中心、教堂等。
從整地到交屋，全部工程只用 88 天就完成。

另外，在屏東縣興建「屏東滿州大愛園區」18 戶、活
動中心 1 棟，來義 58 戶，長治 164 戶，高樹 8 戶，及
臺南縣玉井 26 戶、活動中心 1 棟。

2012 年 9 月「屏東滿州大愛園區」交屋給鄉親，是
1276 戶「大愛屋類」之「大愛永久屋類」建築中，最
後啟用的。

1000 餘戶、88 天完成，就算蓋自己的房子，工期似
乎不需這般急！這是如何的建築作為？

海燕狂掃，2013 年 菲律賓

2013 年海燕颱風重創菲律賓。慈濟人搭建 473 間「簡
易教室」，2700 間「大愛簡易屋」供災區使用。
「慈濟建築」，持續，進行中……。

小結

從時間軸，略窺慈濟團體近半世紀的建築作為。

助人要及時。雪中送炭不能等凍壞。慈濟賑災一向迅
速。慈濟建築 A 類的歷史：本著「慈悲為懷、濟世救人」

最為先的急切步伐，因此興建「慈善賑災類」建築。超越政治、大愛無國界、具體呈現了佛教的「無緣大慈、同體大悲」沒有分別心的都愛、都給予快樂，如同自己受苦般急切的拔其苦，不分國內國外都救、都蓋；次第開展四大志業，因此興建「醫療志業體類」、「教育志業體類」、「人文志業體類」建築；穩健落實社區、為「菩薩招生」，因此興建「社區道場志工類」建築。聞聲救苦、幫助別人，聽到、看到，腳走得到，由近而遠，由發源地花蓮而東部而全臺灣，以至於海外，也是人性本善、是佛性務實的自然發展。四大志業、社區道場、慈濟建築無一不是為了助人、為了救人。

時間可以成就一切。慈濟善行眾多，慈濟建築 A 類不勝枚舉，本段僅列其要，以為後章論述。〔11〕

註釋

①「以工代賑」：號召帶動災民同心協力收拾家園，並同時給予賑災金。表面上是工資，本質是救濟金。有利快速清理災區家園、遏止災區傳染病的爆發、促進經濟活絡以加速城市復甦，同時讓災民在惡劣環境中提起動力、帶動人與人互助的本能、促進愛的迴圈、療癒災後創傷症候群、快速恢復社會秩序。

⑵一宗土地，指一幢或二幢以上有連帶使用性之建築物所使用之建築基地；但建築基地為道路、鐵路、或永久性空地等分隔者，不視為一宗土地。

③感恩戶：在生活上突遭變故，暫需接受慈濟濟助的人，慈濟人稱其為「感恩戶」。證嚴法師說：「要感恩接受我們濟助的人，給我們機會行善。為什麼呢？我們常說：『好人做好事，好事好人做』，就是因為有人遭遇困難，才有機會去幫助他們，才有辦法把握機會付出愛心，才能發揮救人、做好事的功能。所以，我們稱他們為『感恩戶』」。

④「國際慈濟人道援助會」：2004 年，臺灣有一群企業家志工為能讓慈濟急難救援，更掌握時效、及時配合供應災區志工的援助工作及物資需求，他們以慈濟大愛、無私奉獻為精神依循，發起成立「國際慈濟人道援助會」(Tzu Chi International Humanitarian Aid Association, TIHAA)，這是一個有系統的後勤行政與研發的志工團隊，秉持著環保理念研發各式利於救災之物資，以協助提高慈濟賑災效率。

慈濟建築典型案例分析

從慈濟建築五種類型中擇代表性案例論述，並從初發心、從心靈故鄉、從心，探源。建築的理相、理念，尤其起心動念，其實是有其一路走來的堅持。「有為法」隨緣流動，「無為法」如如不動。靜思精舍的建築如此，慈濟全球的建築如此。

15

杉林大愛園區

「慈善賑災」之「大愛屋類」

　　慈善團體存在人類社會的第一個價值在於助人、在於濟弱扶傾。慈濟以慈善起家，慈濟建築的產生，是希望在濟助過程中，能幫助需要幫助的人，滿足他基本住的需求。1967 年，為孤苦、眼盲的李阿拋老先生建房，是「慈善賑災類」建築的第一棟，也是慈濟所興建的第一棟房子。那時，慈濟的師父們還沒有屬於自己落腳的地方。事隔 40 餘年，「杉林大愛園區」完成。這是「大愛永久屋」類型建築的縮影。

天地不仁，人間有愛

　　2009 年 8 月 7 日，中度颱風莫拉克（Morakot，泰文「綠寶石」之意）從臺灣東部登陸，颱風外圍環流影響下，短短三天降下了三千多毫米雨量，超過臺灣一整年平均降雨量。8 月 8 日起，南投、嘉義、臺南、高雄、屏東與臺東地區陸續出現嚴重水患，死亡人數達 619 人（不含失蹤與殘肢等無法鑑定人數）。〔11〕

　　這場「八八水災」，與 1959 年 8 月 7 日「八七水災」

的災情不相上下，民眾家園損失，臺灣土地遭遇劫難，也更加令人深省「敬天畏地」的亙古深意。〔11〕

面對災害的救助，慈濟人依循他們過去賑災的經驗，以重點、直接、及時、務實、尊重「五項原則」為行動方針，分急難、階段、長期「三個階段」，希望能把安身、安心、安居、安學、安生「五種平安」帶給受災鄉親，及「一種平安」──讓山林安養生息──帶給地球。

經費來源，包含「八八惡水毀大地，秉慈運悲聚福緣」募心募款項目，包含來自全球 52 個國家的愛心捐款。

尊重災民、尊重大地的規劃

此次「慈善賑災類」建築亦是本著及時、務實、尊重等原則，希望在中期階段安災民的身而興建「大愛永久屋」，也進而長期地安災民的生活、生計。

本次災害，山林震撼，人心也震動。規劃方向是從受災鄉親身、心、靈三方面著手，期望受災鄉親未來的生活，不必時時擔心災變，而且，世代都擁有平安家園。因為災區受土石流蹂躪，鄉親不可能再回到當地；所以，回到平地，一勞永逸興建永久屋，讓鄉親不用再搬回山上，同時，讓山林也可養息。本案由郭書勝、歐新通、戴育澤、陳世達四位建築師負責，藍圖與村民共同研商，

家園重建與村民共同打造,未來的社區營造則由村民組成團隊推動。本案,臺灣史無前例,法師期許本社區能打造足為國際的典範。

體貼災民、體貼大地的設計

1. 社區整體營造

尊重原鄉部落的生活、信仰、社群關係,考慮不同族群文化興建房舍。依照部落建立公共空間,包含社區活動中心、社區醫療中心、鄉鎮公所聯合辦公處、小學、特色市集,並按各族傳統建立宗教信仰中心,如耆老中心及教堂兩座。

2. 社區生態化

區內道路及廣場無柏油、水泥,全採連鎖磚。無水泥水溝,採生態草溝滲流涵養土壤。維持地形地貌,避免挖填方,利用南北 1-2% 的高差,自然行水,引流西側觀音溪儲水,並以生態池淨化。園區的景觀雕石則是村民寫出自己心聲的創作。

3. 綠建築

玄關人字屋頂、外牆灰白色洗石子，維持慈濟一貫的
建築外觀。外牆為鍍鋅鋼網內灌輕質水泥、外覆隔熱環
保材。為了讓原本喜愛自然的原住民更舒適開窗接近大
自然、及充分通風，每戶除三面採光外，窗戶打破傳統
推拉式開窗，改為外推式全開、並為氣密隔音窗。為防
住家蚊蟲，另附隱藏式推拉紗窗。結構採輕鋼構、LGS
超輕鋼構兩種系統，可耐十七級風及七級地震。屋頂、
外牆皆使用綠建材。

4. 格局

　　雙併 2 層，分 35 坪四房、31 坪三房，二廳、二衛、
一廚，一樓設孝親房。針對人口簡單家庭，另有 17 坪
雙併單層設計。

　　建築雙併配置的原因在於「原住民在山上的房子都是
獨棟的，我們要蓋他們熟悉的『家』」。

5. 入住

　　「房子」蓋好，交屋，慈濟還幫鄉親「成家」。慈濟
人準備電視、冰箱、洗衣機、抽油煙機、熱水器，棉被、
枕頭、衣櫃，客廳桌椅、餐桌椅、碗筷等家用必備的 88
種「入厝禮」。〔11〕

人溺己溺，迅速的施工

全區共 1002 戶（統計至 2012 年 12 月），只用 88 天就完成，堪稱工程奇蹟。施工分四區，除專業廠商進駐，工人並用「以工代賑」方式儘量聘用災民。

工地人文包含：不抽煙、不喝酒、不嚼檳榔的三不，用餐全部素食，以及工區落實環保理念。因此，原住民長久的抽煙、喝酒、嚼檳榔習慣在工地獲得改善，比起一般工區，垃圾也因此鮮有。

園區裏，316 萬 1187 塊的連鎖磚，是由慈濟人、國軍、災民以志工方式完成鋪設。〔11〕

基督徒的使用

住在屏東縣霧臺鄉的包明堂跟巴連玉夫婦，八八風災前，在霧臺古川部落擔任寄養家庭志工，怎麼也難以相信，一場災變，讓夫妻倆人一無所有，變成被幫助的人。風災過後一路上有慈濟人陪伴，包明堂說：「我從慈濟人身上體會到，只要無私付出，就能跨越種族跟信仰的差異。」

信奉基督教的他，特地創作歌曲，送給佛教團體的慈濟志工，感謝慈濟人用愛為他們打造全新的家園。

美國之音記者 Daphne Fan：「我們美國之音也是代表

國際媒體，在八八水災後一百天從美國來到這邊，看到災民對未來生活有希望，很感動。永久屋的概念，在整個國際社會來講，也是一個滿先進的概念。」

　1月30日，證嚴法師在鄉親陪同下，走進即將啟用的教堂，為即將到來的農曆春節提早向鄉親送上祝福。那瑪夏鄉布農族族人表演慈濟歌曲〈普天三無〉，法師在教堂內一一分送福慧紅包給鄉親。宗教本一家，都以愛出發。〔11〕

人饑己饑，哪裏有需要，哪裏去

　杉林大愛園區安置了包括桃源鄉、那瑪夏鄉、六龜鄉、甲仙鄉、茂林鄉、旗山鎮及杉林鄉的受災鄉親。依興建時序，除在高雄杉林安置 1002 戶，另在高雄高樹興建 8 戶，臺南玉井興建 26 戶及 1 棟活動中心，屏東長治興建 164 戶（入住鄉親包括谷川部落、阿禮村、大武村、佳暮村、吉露村等六處），屏東來義興建 56 戶，屏東滿州興建 20 戶及 1 棟活動中心（安置因莫拉克及海棠颱風受災的八瑤部落居民）等 6 個地方，共為災民興建 1276 戶的大愛永久屋，一勞永逸解決災民的無家可歸。

　大愛永久屋的土地由政府無償提供，興建由慈善團體，產權則完全屬於災民。〔11〕

小結

　行善並不容易。千戶以上的雙併透天住宅要在 88 天完工，就當時各項現實條件言，可說是不可能的任務；但慈濟人及承包商，還是使命必達的想辦法完工。原因無他，因為宗教的慈悲，不僅不忍災民無處可安身，更迫切的如自己無家可歸般。尤其，又逢中國人的農曆春節在即，歡喜過節全家團圓，總要有個像家的地方。

　做好事真的不容易。現在的社區，從外觀看，亮麗整齊、風格統一，建築語彙一看便知道是「慈濟蓋的」。然而，從救災投入，到政府溝通、選地、法令，陪伴膚慰災民、溝通建築、入住資格審查，規劃、設計、施工等，整個過程真正歷盡考驗。既是助人，也是修行，幫助別人的過程，常常不是定如人意；反而是困難重重，只有用出家人出世的精神或神父奉獻的心情才有可能超越。尤其，在參與投入的過程當中更能感受。因為這樣，事過境遷之後，法師寫下了「十在心路」來鼓勵慈濟人。

　「十在心路」：在苦難中長養慈悲，在變數中考驗智慧，在艱難中激發韌力，在繁瑣中學習耐性，在複雜中欣賞優點，在理想中追求進步，在人我中相互感恩，在社會中祥和無爭，在大地中長期養息，在天下中消弭災難。

　沒有愛心，做不了好事。愛心是大愛。大愛就是慈悲。

慈悲要有智慧。悲智雙運是佛教精神的核心之一。「921
地震時的災民多是上班族或做生意的平地人,他們家園
雖毀;但瓦礫清乾淨就可以就地重建。雖然受災;但工
作還在,很快就可以興建家園。所以,簡易屋對他們來
說是一個很好的過渡性安居之選擇。此次受莫拉克風災
影響的是看山吃飯的災民,家的土地被沖走,賴以維生
的田園不見。因此,永久屋的興建是一項必要的選擇」。
這是當初慈濟在說服政府興建永久屋時最主要的理念。
〔12〕

■ 高雄杉林慈濟大愛園區,是慈濟為八八風災的受災鄉親援建的
永久住宅,兩層樓雙併設計,讓鄉親闔家安居。 *(攝影/陳李少民)*

■ 慈濟援建的民族大愛國小，完工後嶄新校舍與運動場（上圖）。興建中的高
雄杉林慈濟大愛園區全景（下圖）。 　　　　　　（上／黃筱哲攝；下／劉森雲攝）

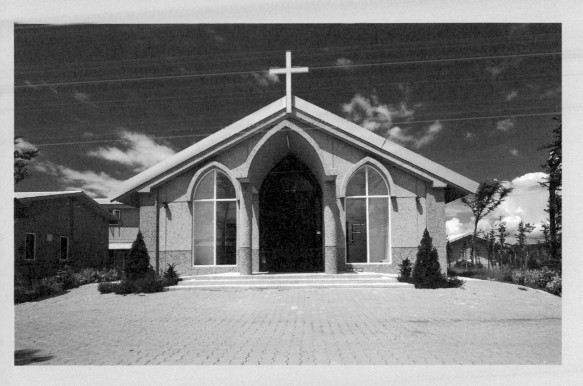

■ 跨越宗教藩籬,高雄杉林慈濟大愛園區平安廣場前,慈濟為當地鄉親信仰基督復臨安息日會杉林重生教會所建教堂。　　　　　　　　　　　　　（攝影／劉森雲）

南投縣集集國小
「慈善賑災」之「希望工程類」

「教育不能斷層，不能讓孩子在惡劣的環境中讀書。
重建災區傾毀學校的這項『希望工程』，是我們人生的
希望，是我們社會下一代的希望！」面對世紀末的悲慟，
證嚴法師對慈濟人、對大眾如是說。

緣起

1999 年 9 月 21 日凌晨 1 點 47 分，臺灣發生芮氏規
模 7.3 大地震，造成 2300 餘人死亡、無數房舍應聲倒地、
中南部 830 多所學校遭到損毀，災情慘重，「921 集集
大地震」堪稱臺灣百年浩劫。

「教育不能等」。法師強調，學校重建的時間若拖太
長，孩子們的心便會放逸難以收回，教育亦會出現斷層。
學校重建工作一日不完成，孩子便一日不能接受正常教
育，連帶著無數的家庭也受到影響。如何讓災後的黑暗，
很快轉變成光明的希望，只有「希望工程」。災區學校
的重建工作，實是刻不容緩。因此，1999 年 10 月 11 日，
慈濟首度公布認養援建 25 所受災中小學；但在還有許

多學校未被認養的情況下，又陸續決定認養其他待重建學校，讓認養總數達到 51 所。

為安撫人心、安頓災民，並幫助鄉親早日重建家園，慈濟根據災民需要，擬定了「急難救助」、「安頓與關懷」、「復建與重建」三階段賑災步驟。匯聚千萬人的愛心，投注龐大的財力及人力，以眾人之「大愛為梁」、建築專業人士之「智慧為牆」，全力進行重建災區中小學的希望工程。〔11〕

重建三原則

證嚴法師面對當時學校的重建：「有兩種建築物一定要很堅固，一種是醫院，因為發生大災難時，醫院是救人的中心；另外一種就是學校，是避難中心。醫院救人、學校避難，這兩種建築物一定要非常牢固。所以，我堅持重建的第一原則：用鋼構（鋼骨鋼筋混凝土）。

「這次的大地震，我們可以看到傾斜及倒塌的學校都是鋼筋水泥結構，一根根鋼筋都露出來，有些是偷工減料，有些雖然沒有減料卻有偷工之嫌。鋼筋結構都是靠施工人員用一根根鐵圈綁住鋼筋，不僅要很內行，也必須完全依步驟來進行；但，工作時間很長，是不是時時刻刻都很用心？如果有一點疏忽，大地震一搖，鋼筋就

會鬆開。所以，儘管材料很好，施工時如果沒有按部就班，便很容易發生危險。

「鋼骨結構就不同，鋼骨是用焊接的方式，所以很堅固，監工時間也比較集中，只要技術及材料的品質沒問題、設計結構時的計算精確，就一定是千秋百世的堅固建築。所以，第一、我要求採用鋼骨水泥的建築結構。

「第二、要綠化，水源要能回收。我們不要浪費大地資源，尤其現在水土已經被破壞得很嚴重，更應該愛惜資源，讓大地綠化、資源回收，連雨水都要回收。所以綠化建設及水資源回收，一定要加以落實。

「第三、儘量不要使用空調。要讓自然光線透進室內，通風設備良好，就不必動輒裝冷氣。冷氣除了耗費電源外，還將室內溫度往外送，外面的空氣會更不好。

總之，建築物採鋼骨水泥的結構，綠化建設、水資源回收，採光、通風良好，這是當時我決定重建學校時所提出的三項原則。」〔13〕

法師並不是建築師，但所提出的原則卻是非常專業而實際的。事實上，此三原則在爾後的慈濟建築也一樣被遵循。

愛的「希望工程」

法師繼續：「除此，我也要求建築師配合當地地形、文化、學校的需求，進行校園造型及建設，所以建築師必須親自去學校，面對校長、老師及學生，一而再、再而三地瞭解並收集齊全的資料。我們已經簽了約，設計圖也陸續出來，方向既定，我就安心了。

　　「但，責任很大，建設的資源從何而來？工程進度要如何早日完成？工地這麼大，又有這麼多地方，要如何照顧品質？這都是我所掛心的。不過，大家都是抱著大愛投入，所以，我相信這是一項愛的『希望工程』。

　　「這次的重建工程如此浩大，未來的路還很長，為此，我要向大家呼籲：點點滴滴的愛心匯聚在一起，就是無量無限的大愛，只要大家以大愛投入，同心協力地付出，我們的『希望工程』絕對能在理想中完成。這是很大的期待！

　　「九二一大地震，雖然只是短短幾秒鐘，竟讓我們走這麼長的路，付出這麼多資源，實在是化剎那為永劫。有心痛，才有一番建設及創造，所以，要讓心痛趕快過去，把心安下來，全力投入未來的希望建設。

　　「我們希望建造有藝術、歷史、文化的學校，具有時代性且能歷久彌新。」〔13〕

「觸覺的語言」

「教育，是一種心靈輔導，不是只讓學子在教室裏聽老師說話、看白板上的文字就好，也不一定只有教常識功能而已。教育如果只是加強學生的功能，缺少良知的啟發，這實在不是教育的福音！

「我一直認為，最好的教育是提升學子心靈成長。以智慧為導向，並啟發學子的良知、發揮學子的良能。心靈輔導，跟環境有著密切關係，要開啟智慧讓良知良能發揮出來，學校的環境也應該具有觸覺的語言才行——眼睛所感覺、所看到，都能啟發良知、引導出智慧。這正是環境的塑造。

「所謂『觸覺的語言』，就是我們的環境會說話，能讓人有感受、能意會。正如有位建築師跟我解說木造結構，提起人體在大自然的建築物裏的感受。這很重要，將校園塑造出這種觸覺的語言，並培養學子感受、意會的能力。

「假如建築物都蓋得很密集，視野既不開闊，又沒有大自然的風貌，就不很理想。雖然人生無常，但學校的建築應該是百年大計，在硬體方面要很牢固，在造型方面卻要很軟性，最好有大自然的風味，可以自然地通風，如此，就不必動輒開冷氣。總之，興建學校宜儘量採取

自然，儘量塑造得跟大自然、環保融合在一起，我們真心希望建設一個真正百年、千年，有文化和藝術結合的希望工程。」〔13〕

唧唧復唧唧、汲汲又吉吉──建築師、慈濟與孩子

災民的苦，在法師的心嵌裏，為災民除苦的心是這樣的切身，唧唧復唧唧，救災的工作是這樣的急迫；汲汲又吉吉，孩子的教育不能等，學校建設希望快快完成，讓孩子吉祥如意的回歸教育正軌。

慈濟認養的 51 所學校，由 20 餘家建築師事務所參與設計規劃。南投縣集集鎮位於震央，傷得不輕。集集國小，位於集集鎮，校地 2.36 公頃，共有 8 班，是造就無數精英的百年老校，也是慈濟認養援建 51 所學校裏的其中之一，由大元建築師事務所負責人姚仁喜建築師負責。

姚建築師認為，重建校園的建築師比較像考古學家：「學校本來就存在，我們只是順應自然，小心將它的原型發掘出來。」有名的集集小火車自一旁駛過，為顧及觀光特色與鐵道風味，事務所便將鐵路枕木鋪設步道規劃在校園中。

建築架構中也蘊含日治時代「集英堂」禮堂穩重斜柱

的語彙。配合本地綠色隧道特點，兩旁栽種樟樹，他日綠葉成蔭，自然形成「綠色隧道」，保留大樹。綠意、清風、拱廊、雙層斜屋頂、木質欄杆同樣構成古意、與地方的特色。

沒有繁複的裝飾，只有清晰簡單的線條。把選材、興建都回歸到最簡單的作法，該平的平、該直的直，呈現簡單之美：「人總會被一些東西牽掛，而忘記一些更重要的事，所以每個人練習把每根線對整齊，房子也就會蓋得好。」

「證嚴上人對於學校的看法，其實是非常前瞻，非常自由的，我們勉強追得上他的一點想法」建築師以他專業來看法師對學校的觀念。

基金會副總執行長林碧玉：「希望工程的學校，是用愛與關懷蓋起來的學校。」建築師：「我感到這句話相當有震撼力。我覺得這是非常特別的一份發心、一個出發點、一個動機（Motivation）。」

建築師的構思，鋼骨、綠化、通風規劃三原則，及深灰瓦的斜屋頂、灰白色的洗石子外牆、連鎖磚的室外地坪，成就無色、無華、具人文的校園。

使用者代表，集集國小的簡泗淵校長表示：「『水泥有愛，鋼筋有情』，立在眼前的嶄新校園，是大愛編織

■南投縣集集國小，新建禮堂設計參考早期講堂及活動中心「集英堂」，創新中不乏傳統養分。　　　　　　　　　　　*（攝影/顏霖沼）*

而成的園地，也是大智慧心血的結晶。……新校園是集集鎮的地標，也是證嚴上人所形容的『從地湧出的藝術品』，是師生學習的殿堂，更是社區人士文化境教和休憩觀光的景點，我們一定會好好珍惜與愛護。」〔14〕

同樣愛的「希望工程」在巴姆

「萬丈高樓從地起」，不是蓋空中樓閣。需要高瞻遠矚、切中問題、切合需要，需要「智慧」。集眾人的「大愛為梁」，集眾人的「智慧為牆」，正如佛教講的「悲智雙運」。「從地湧出的藝術品」，並不僅僅在集集，

■ 伊朗巴姆地震，慈濟援建巴姆市阿達巴男子小學（上圖）。中國四川雅安地震，慈濟援建雅安市名山縣名山中學（下圖）。（上／顏霖沼攝；下／高明善攝）

不僅僅在 921 的「四方地震裂」後。「無緣大慈，同體大悲」，同樣的宗教情懷，似乎也在 1226 伊朗巴姆大地震後，似乎也在 521 汶川大地震後。

慈濟援建巴姆的 5 所學校。菲律賓帕拉佛克斯的建築設計團隊，將波斯建築的風塔、伊斯蘭文化的外觀、慈濟的「人」字形屋頂，用現代化的工法，巧妙的含融在設計中。

同樣愛的「希望工程」在四川

參與慈濟援建四川 13 所學校的建築師郭書勝：「『人』字型屋頂造型，洗石子外牆的外觀，有很明顯的校園辨識度，就像是慈濟志工身上的藍天白雲。……也和傳統川西建築『青瓦白牆、斜坡屋面』的特徵頗神似。……慈濟重視『建物與大自然結合』，利用水、樹、石材等天然元素來強調自然教育、物命教育。例如孝泉中學，校內有兩棵 187 歲的銀杏樹，慈濟特地將宿舍樓往旁退縮，保持古樹的成長空間，以彰顯老樹是校園歷史與文化的一部分。」

慈濟基金會營建處主任林敏朝：「從設計、發包到施工，慈濟全程參與和監督，以確保千百年的建築品質，這是很多援建單位無法做到的。在這過程中，我們也與

施工企業交流很多營建、工地管理的新觀念。」慈濟強調蓋學校和醫院要比一般建築還慎重，才能在急難時負起救難和避難的任務。

孝泉中學校長魏友東：「旌陽區的學校由不同團體援建設計，美則美矣；但慈濟學校『樸實無華』，我感覺特別耐看。」

德陽什邡市政府副祕書長黃劍談到他的觀察：「慈濟身體力行、親力親為，並非資金到位就走了。舉凡煮熱食、急難醫療、板房教室、冬令發放、永久校舍、文化交流等，我覺得慈濟把心留在這裏了，這過程中也影響了許多人。」

小結

《法華經 卷五 從地湧出品 第十五》：「如是諸菩薩，神通大智力，四方地震裂，皆從地湧出。」地層能量的釋放，牽動了人心能量的釋放——慈濟人全力復建災區的大心與大願，在每個艱鉅、沉重階段的過程中，難行能行，唯一的考慮是「人傷我痛，人苦我悲」、「尊重生命」的情懷。〔15〕

慈濟建築，一眼看到即知，的確有它清楚的識別符號，也有其明顯的語彙及形象，才會稱為「慈濟建築」；然

而更重要的是，它存在著尊重：尊重受助者的宗教信仰，尊重其他宗教也有的建築造型或語彙，同時也尊重傳統，尊重大地、尊重我們所賴以維生的地球。

「嚴以律己」，慈濟建築從規劃、設計、到施工，各階段皆有品質管制要求的高標準作為，整個過程心念的是對品質的要求。修行，修的是自己。透過自我要求，先「自度」就能「度人」，就能影響許多人。慈濟建築也是如此。

「自度」的目的是為了「度人」，「慈濟建築」是為了救人，救他的「身」，讓無校可讀的孩子，早日有個良好的學習環境，安他的讀書生活。同時，希望也能救他的「心」，提升他的心靈，所以「觸覺的語言」很重要，所以「境教」很重要。身、心、靈同時受教。更希望，此刻的受助者，孩子們或災民也一樣，以後也能成為幫助者，也能「度人」。如此「善性循環」，建立祥和社會。

「四方地震裂」，天崩地裂，原本是災難的開始；然而，菩薩「皆從地湧出」，湧出眾菩薩所成就的藝術品，湧出一棟棟的希望。因為苦難，因為「菩薩所緣，緣苦眾生」，反而帶來希望。世紀悲慟，如何帶來希望？危機就是轉機，能深刻認知這一點，必須要「相信」！必須要有信仰！

臺中慈濟醫院
「醫療志業體類」

　　臺中慈濟醫院，位於臺灣中部，2007 年 1 月啟用，此座醫院的完成是慈濟醫療網「六院一家」中的最後一家，也是規模最大的一家。包括第一期完成的副樓，地上 6 樓、地下 1 樓、面積 3 萬 500 平方米，及第二期完成的主樓，地上 14 樓、地下 2 樓、面積 15 萬 4300 平方米。主樓的平面是由一滴水的形狀做為發想而發展，副樓平面則為 Health 的 H 型平面。由美國設計團隊 N.B.B.J. 及許常吉建築師設計。

不變的安全及更安全

　　臺中慈濟醫院是以神經、心臟與癌症為主的專科醫院，同時著重於預防醫學。醫院建築首重功能，比起其他類型的建築設計上較複雜，主要是因為必須服務各式病人，滿足各種醫療專業作為，處理醫病第一線、第二線、第三線的動線、空間，如門診、急診、各類檢查、各類病房、開刀、行政等。設計雖然較複雜，臺中慈院仍取得綠建築的銀級標章，包括熱泵、太陽能、透水、

雨水回收、節能水電材料使用等。

　　臺中慈院其建築及內裝的造價約為 13 萬元 / 坪，就醫院建築而言並不高，然而所使用的材料以慈濟的各類建築而言卻是更好的。最主要的是建築結構必須為安全中的安全，除採用一貫的鋼構，基礎為筏式基礎外，筏基上並設置 350 餘組的隔震墊做為隔震層，除為了小震來時的舒適、大震災來時的安全、也為了手術等醫療作為進行的順利安全。

　　凡此，究其因，皆是慈濟「以病人為中心」的理念而為。而此理念，則來自「視病猶親」、來自對待無緣無故的病人同樣以大慈心、對待任何病人如同對待我身體的大悲心。

專業中的專業貼心——不像醫院的醫院

　　雖是專業的醫療建築；依照許多去過臺中慈濟醫院的民眾或病人描述：「走進大廳，慈濟醫院是他們去過最不像醫院的醫院，病房也是超五星級的」。

　　臺中慈院主樓，室內地面層繞一圈 234m，目前提供電動車不斷環繞供看病的民眾搭乘。地面層走廊足有 7m 寬，連接急診室及很大的大廳，是為因應萬一緊急大量傷患之湧入。

臺中慈院與慈濟其他建築一樣，卻異於其他醫院的，是陽臺環繞以及大量開窗，尤其病房區，是為預防類似SARS事件、為讓病人多親近自然空氣。門窗基於平時管理及安全，開口量有所管制；基於緊急逃生及安全，並與消防系統連動。陽臺則是為了遮陽、擦拭玻璃、逃生、柔軟立面造型的一貫設置。

　　病房不論 4 人、2 人、單人，衛浴皆是乾濕分離，是為了感染控制、貼心病人使用、醫護人員臨時洗手的方便。不鏽鋼平面埋入式的衛浴門檻結合無障礙及排水，是後來其他醫院的仿效模範。病床邊可調整的陪病椅兼陪病床，則是因為體貼病患家屬而不斷研發的成果。安寧緩和醫療的「心蓮病房」，設有菩提居助念室、佛堂、祈禱室等，是針對不同宗教信仰的基本尊重。讓大地呼吸的連鎖磚，仍為標準設施。

　　種種溫馨、貼心的氛圍設計，並沒有因為冰冷的醫療專業而缺少人性；反而，慈濟「專業的貼心」默默地顯示在慈濟的醫院建築裏。佛為大醫王，不僅醫身病、也醫心病。「專業的貼心」是源於一進大廳就看見的「佛陀問病圖」的宗教精神，是源於慈濟各類建築裏同樣的境教。

■ 慈濟醫院大廳，可供作活動表演場地，及緊急事故時避難場所（上圖）。病房設計考量患者與家屬實際需求，並設乾溼分離浴廁，坐臥兩用陪病床（下圖）。

（上／陳坑泉攝；下／林炎煌攝）

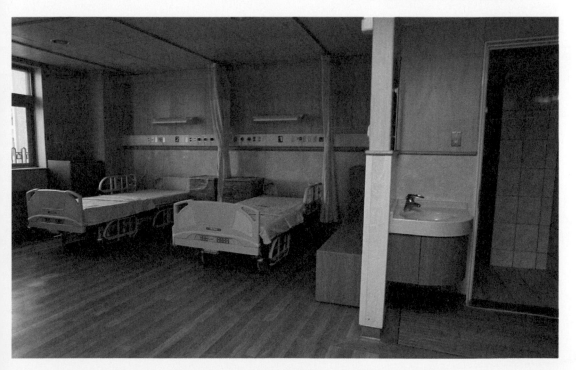

■ 臺中慈濟醫院第一院區,前方為大廳及門診區,後方為住院及行政區(上圖)。第二院區建築平面呈 H 型,寓 Health 之意。　　(上/鄧和男攝;下/林昭雄攝)

小結

　　每家醫院的「佛陀問病圖」的構圖，沒有百分百相同，尤其背景；但精神卻百分百相同。嘉義大林慈濟醫院大廳，同樣的「佛陀問病圖」，法師表示：希望圖畫能「畫中有話」，無須透過任何解說，單從畫作本身，就能感受到所要表達的思想內涵。而就畫的內容，可添加鹿群，透露和煦、安詳的氣氛；天空上則浮現似有若無的菩薩群像，以象徵佛陀在人間而群賢雲集的精神意義；水池中可漂有蓮花，既是佛教的象徵，也點出清淨的意境。

〔7〕98夏

東勢靜思堂

「社區道場志工類」

緣起

臺中市東勢區，於 1999 年 921 集集大地震時也是重災區。因為災難，當地湧出許多菩薩[①]。慈濟在當時除了緊急蓋了簡易大愛屋、編組臨時消防隊，之後也興建了東勢國小、東勢國中、東新國小。至 2011 年 3 月，則於東勢區三民街啟用了「東勢靜思堂」。

菩薩訓練場

「靜思堂」的興建，是慈濟「落實社區」、走入人群很重要的一環。舉凡慈濟的「四大志業、八大法印」，都在此得以落實或進行。「取於社會、用於社會」，目的是方便當地慈濟人活動凝聚感情，及敦親睦鄰接引更多菩薩之用。對慈濟人而言，不僅是「慈濟人的家」，也是社區的教育道場。具體而言，「靜思堂」提供慈濟人平日活動及會議的場所，如每年定時的 5 月浴佛、7 月吉祥月、年底歲末祝福等大活動的進行，如社會推廣教育課程的教室，如做資源回收及環保教育的重要據點

等。「靜思堂」是當地社區居民及慈濟人主要的聚會所，是慈濟的「菩薩訓練場」，具有多重功能，也希望能發揮安定社會、造福社會的力量。

建築辨識度

本案的設計過程，儘管規劃之初並無提出明確的空間內容要求，但「東勢靜思堂」的興建，其實是慈濟「落實社區」政策之下，在各地普設小型社區道場初期的一環——尤其是在臺灣。儘管建築設計從來不可能百分之百標準化，但在不斷的嘗試及摸索的過程中，本案對設計者而言是一個很好的考驗，對慈濟而言也是「小型社區道場標準化」建立的重要過程。

訓練場的內容

「東勢靜思堂」也是「東勢聯絡處」。建築地上二層，鋼骨構造(S.S)，總樓地板面積 550P（約 1820 平方米，P 即「坪」），主要空間內容包括：講堂、教室、環保教育站、展示空間、靜思文物流通（靜思小築）、齋堂（餐廳）、大寮（廚房）、淨房（廁所）、辦公室、會議室、機房等。麻雀雖小，五臟俱全。林文成建築師設計。歸納其設計原則及「建築辨識」如後：

空間內容原則

1. 講堂：為主要空間，約容納 200-300 人、包含簡易舞臺及音控室面積約 110P，供社區舉辦大活動用。最好是無柱、無座席（較大規模靜思堂內之講經堂則有蓮花椅②，蓮花椅平時固定，需要時亦可拆卸）、平面式而沒有階梯的做法，主要因應繞佛儀軌進行及空間多功能使用。講堂宜設於 1 樓方便疏散及年長者進出，至多設於 2 樓或地下 1 樓（較大規模之靜思堂）。講堂不設佛龕，正前方中間之舞臺空間即為「宇宙大覺者」之位置，為整棟建築中最主要之精神空間。

2. 教室數間：供社會教育推廣之用，平時兼做會議室或小型活動室。每間面積約 15P，隔間可彈性結合為 30P 或 45P。

3. 環保教育站：於基地內設置，通常為較簡易類建築。是慈濟「落實社區」政策很重要的空間。空間彈性大，可室內、室外、半戶外。需方便環保車進出。「舉手之勞愛地球」，彎下腰撿垃圾，垃圾就可能變黃金。為地球盡一份心力。

4. 展示及多用途空間：如人文走廊。做為社區活動或四大志業之展示、或身心寬暢③之場所、或彈性使用。

5. 文物流通處：供大眾請法，及靜思文物之推廣。或

■ 台中東勢聯絡處（上圖）。一樓平面採回字型空間結構，因應共修者緊跟前後腳步繞佛、繞法之「勤行道」道場空間（下圖）。*(上/黃建雄攝；下/林文成建築師事務所提供)*

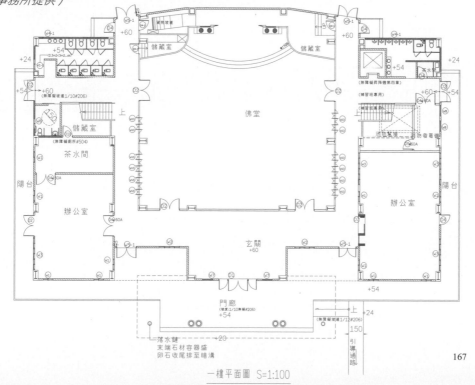

一樓平面圖 S=1:100

稱「靜思書軒」、「靜思小築」。

6. 齋堂及大寮：越小越好。配合精舍師父為救災而研發、冷水泡即可食用的「香積飯」，減少煮飯的麻煩，尤其大活動時。用意在培養簡單吃、多聞法的習慣。人人不需為了色身④為了吃而花太多心思，鼓勵多用心在法身以長慧命。法師的理念在於，道場是長慧命的場所，每個人來道場不是為了吃而來。

7. 淨房：除了無障礙廁所的設置，由於建築空間有限，淨房宜配合講堂之樓層位置為主要之位置，並因應宗教習慣於講堂東班（背向舞臺站立時之左側）為男眾座位、講堂西班（背向舞臺之右側）為女眾座位而分配男女淨房或彈性使用。道場中女眾多半多於男眾。考慮人文及出入服儀，淨房出入宜設計迷道或設置屏風。

8. 門廳：宜有外門廳並考慮簡易座椅、地墊及儲物櫃之設置。因應慈濟特有之進門即脫鞋的文化，宜有內門廳，提供來者可以一進門就禮佛之空間、「抖落一身塵埃」緩和情緒之氛圍塑造、活動時文物推廣攤位之設置、人員疏散、並設志工服務臺服務鄉親及訪客。

空間友善，避免高差。樓梯級高宜 12-15 公分、級深宜 27-30 公分。建築外周普設陽臺走廊，除綠建築遮陽，亦考慮便於維護，顧及志工擦玻璃時方便與安全。考慮

管理，小規模靜思堂不設置寮房（宿舍）。

室內及設備原則

　　室內氛圍的營造，主要以木材之紋路及白漆為面。依據不同空間需求，包括色澤深淺不同之楓木、山毛櫸、柚木等。基於環保及儉樸考慮，牆面有實木、美耐板、貼皮等，天花板材料有輕鋼架、實木、美耐板、貼皮等，地坪材料則為實木或木紋塑膠 pvc。隔間施工方式依據施工位置，有乾式、半乾式、濕式施工。

　　根據觀察，慈濟建築的空間使用原則，基於克勤、克儉之精神，總是朝一空間多用途的克難、克己方式使用。就像大殿初期的使用，除節日時，舉行法會；平常，白天做功課、當辦公室，晚上則當寮房。本案機電設備，除必要的省電燈管、省水馬桶、省水水龍頭等以外，也考慮空間的彈性使用。如教室、展示空間等空間之影像及聲音設備，於大活動時可連線，滿足大活動時空間量的需求高峰。如利用網路，各社區可每日連線本會之「晨鐘起薰法香」⑤、或「志工早會」、或節日時與本會同步拜經等。

僧袍與外觀

就外觀言，除了早期建築的花蓮慈濟醫院、慈大行政大樓為白色丁掛磚，後來慈濟興建的建築，幾乎皆為全面灰色、洗石子外牆。

品質的要求，純水泥：海岸天然的宜蘭石為 1：2.4。石頭配比，石種蛇蚊石（灰黑色）：大白石 =1：6；臺度為 1：1。石頭粒徑 1 分 2。專業人員施工。不添加色粉、石粉等副料以免影響品質。

不用加工滾圓的原因在於慈濟強調「境教」、強調「觸覺說法」。歲月滾圓的石頭，當使用者用手去觸摸時，有自然的圓融。粒徑大小及配比出來的顏色，則是低調、融入環境的灰色背景色。

一棟建築，就像一個人。「菩薩訓練場」的建築外觀，如同出家人的灰色僧袍。洗石子的分割線是條布的縫合線。建築的背景灰是僧袍的壞灰。衣服的顏色提醒出家人減少貪欲，建築的外觀提醒慈濟人儉樸生活，不論出家人或慈濟人同樣都要走入人群行菩薩道，所以普設「社區道場」。

背景灰、壞灰。一棟棟的「靜思堂」或慈濟建築，矗立在繁華五光十色的水泥叢林裏；就像每位出世的修行者，矗立娑婆，入世救人；就像災區裏，災民見到的「藍天白雲」，只要走近、只要走進「靜思堂」，用心過後

的「境教」，自然安定人心。

除洗石子灰色外觀，主建築及入口的懸山式、人字（合字）屋頂，也是慈濟建築重要的「識別符號」。屋頂設計為乾式施工，多層鋼板兼顧隔熱、隔音、防水及防火，隱藏式天溝，屋脊有三寶之象徵，較小規模之建築則簡化了其象徵造型。各處收頭以簡潔為主。滴水線的處理，減少外牆水漬的可能。

入口玄關，包括四柱、鐘形窗、懸山式屋頂及高程適當抬高等，回應了「心靈故鄉」的大殿氛圍。

全開外推窗增加自然通風面積、低窗臺利於盤坐者的聞風、配合內裝的木紋烤漆鋁門窗，也逐漸成為慈濟建築的「識別語彙」。

室外地坪原則

接近室外之地坪，材料使用與牆面同為灰色的抿石子。地坪用海棉抿石子的原因在於石子不易脫落，適於多磨擦的平面；用水霧洗石子則石子輪廓較深，適於視覺、觸覺的立面。唯考慮安全及止滑，粒徑較牆面上使用的大，如半戶外地坪粒徑 1 分 2 及 3 分，陽臺粒徑 3 分，車道粒徑 5 分[6]。

至於室外地坪，基地內除綠地、泥土、建築物以外，

一律為連鎖磚，沒有任何水泥或柏油地面。大地如母，地皮如人皮。人的皮膚需要散熱，土地的表面也需要呼吸。連鎖磚的功能就像毛細孔，十分重要。

事實上，連鎖磚不僅在本案使用。所有慈濟工地也是同樣堅持。毫無例外。這也是慈濟建築的「識別語彙」之一。

「用心就是專業」。連鎖磚工程，在工地屬於工程尾聲。為了讓慈濟志工對新建的建築有感情、有參與感「當作自己的家」，在慈濟的工地裏，除建築完工使用前最後的清潔工作由志工細細打掃以外，連鎖磚的鋪設也多動員當地全體慈濟志工們進行。這是「連鎖的愛」，也是為了「讓大地呼吸」。

使用能透水、能透氣的連鎖磚「讓大地呼吸」。一件簡單的工程，把「不忍地球受毀傷」的大愛，及「膚慰地球」的慈悲，用「連鎖的愛」施工方式，自然、踏實、真實的實現。同時也是綠建築、環境保護的真正落實。

品質及工地人文

慈濟建築的設計有建築師、及基金會營建室的設計組，設計主要及大方向的最後定案者多為證嚴法師。工程的發包作業則多由營建室的規劃組負責，監工作業亦

多由營建室工務組在各區的工務所，執行嚴格而細心的監造，以確保承包商的施工品質、進度掌握、及執行業主的意志。基金會營建室目前另有品質稽核小組為三級品管，另有機電設備組、室內裝修組、景觀組等，配合整個營建作為的完成。另外，具建築、土木專業背景的志工們也組成「建築委員」，協助工程的品質管制，是為四級品管。

慈濟建築的另一項「識別語彙」是工地人文。工地，除基礎部分，少有模板工種，此舉有利工地的整潔維護及安全管理。特有的工地人文則是「三不」，即工地內不抽煙、不喝酒、不嚼檳榔，並且全面素食及落實垃圾分類。另志工們在炎熱的夏天還會貼心的提供冰涼的毛巾給工人菩薩，希望他們能好好建設這個「家」。

慈濟紀念堂——第一座靜思堂

「花蓮慈濟靜思堂」，1986 年動土。1990 年全省委員聯誼在此舉行，花蓮靜思堂首次啟用。1996 年慈濟三十周年慶則啟用了講經堂。原擬名為「慈濟紀念堂」，是為了留下並紀念慈濟發展史上的感恩事蹟而興建的「感恩堂」。是慈濟的第一座靜思堂。興建此堂之起心及意義上，與後來的靜思堂其實並不相同。法師對靜思

堂的期許是：「靜思堂是搶救慧命的殿堂，作為慈濟指標，於建設上要有『真空妙有』的內涵，讓人一進到這個空間，即在寧靜中沉思；讓人目光所至，即能收攝法理，這其實就是一部能『說話』的經典。」誠如《法華經》：「若人散亂心，入於塔廟中，一稱南無佛，皆共成佛道。」

佛的禮贊

「花蓮靜思堂」的外型也是獨一無二，尤其屋頂。銅瓦屋頂，正面入口為懸山式人字（合字）形、單簷、單脊，背面幾乎與正面對稱。兩側則為左右對稱之懸山式人字（合字）形、三簷、三脊。各脊頂皆有三寶之象徵造形。屋脊與屋簷有現代「飛天」⑦銅雕 362 身，圖樣造型傳統，但富當代時空意義，有慈濟各種身分之人物，包括醫師、護士、委員、慈誠、慈青等，以及世界各民族的造型，總長約 1360 公尺。屋頂與牆面的比例特別，也成為特殊的七脊、多簷屋頂。

外牆為灰色石材。正門入口同樣神似「靜思精舍」的大殿。列柱基座以及前方橋側的欄杆，則有明顯的蓮花石雕。大門 4 扇，門片外側為銅雕之「靜思精舍」以及菩提大道，內側 16 幅銅雕圖樣為證嚴法師本生故事，

■ 花蓮靜思堂銅瓦屋頂，懸山式
人字形頂、三簷、三脊，脊頂有
象徵三寶明珠造形，屋脊及屋簷
有現代飛天浮雕。 *（攝影／游錫璋）*

於 1998 年完成。

大型靜思堂的回字型空間

就空間內涵及「講經堂」配置而言，各區後來興建之大型靜思堂與其有類似之處。回字型平面為其空間主體架構。「花蓮靜思堂」建築地下 2 層、地上 10 層，高度 49 米。「講經堂」位 2 樓中央，面積 350 坪，挑高36 米，精神中心「宇宙大覺者」佛陀灑淨圖高 26 公尺，蓮花椅座位 1064 個、為可拆式，可採自然天光，天光為對稱正十字形，與屋頂平面、建築平面相映，四周環繞室內通廊及辦公空間於各層，供基金會各處室使用。垂直動線除樓梯、電梯以外，從地下 1 樓至地上 5 樓有坡度小於 15 度、寬 3 米的「法華坡道」分設「講經堂」二側（國內目前唯花蓮靜思堂、豐原靜思堂有設置法華坡道）。地下為停車場、各式會議室、展覽空間、及通鋪寮房。會議室有 4 間各容納 150 人、1 間階梯式可容納 200 人、1 間階梯式「國際會議廳」可容納 600 人。主要大寮及齋堂目前則移至靜思堂後方之「同心圓餐廳」、「國際寮房」。

小結

　　《妙法蓮華經》的「化城喻品」中，佛陀為度眾生而造化城，讓眾生得以暫時停憩、再次出發。「靜思堂」像一座化城，在社區中矗立，讓每位眾生在此得以停歇、得以學做菩薩，之後，再入人群度眾。不斷、不斷的、來、去。

■ 原擬名「慈濟紀念堂」的花蓮靜思堂，是為紀念慈濟發展歷史感恩事蹟而建，是慈濟的第一座靜思堂。　　　　　　*（攝影／白崑廷）*

靜思精舍

源

「靜思堂」、「菩薩訓練場」也像兜率天[8]〔4〕的菩薩住處，是成佛前的必經之地。

成就一棟建築，本來業主、施工、設計三者合和，缺一不可。過程中，很感恩每個人都奉獻了最好的建議，雖然不一定在這個個案裏呈現。就像之前設計的苗栗靜思堂，雖然後來並未如期興建，但很多的理念在主堂設計、在其他靜思堂設計同樣融入了。重要的，是過程、是投入。

當某些因緣的出現，設計的變化一而再、再而三，峰迴路轉、柳暗花明的情境經常出現。訓練應對變化、練習態度。沉靜的用心於因緣。

抱著與眾生結好緣的心念，設計靜思堂，是難得而珍貴的學習。真實法，像刻心版一樣，真真實實的在內心留下痕跡、在生命中留下基因、也在現場留下了一座清淨的道場。

「靜思」是證嚴法師走出俗家，現出家相之前自己取的名字。「精舍」則是修行人自修、清修的道場。

「靜思精舍」，是慈濟功德會的發祥地，也是慈濟世界的法源、法脈。靜思精舍位於花蓮縣新城鄉康樂村。慈濟人稱之為「本會」、「精舍」、「慈濟人的心靈故鄉」。〔1〕27

最小的大殿

1964 年，證嚴法師帶著弟子們借住供奉地藏王菩薩的「普明寺」。當時他們的生活非常困窘，住在面積不到 3.6 坪、小而矮的木屋裏，寮房裏 1 坪大的榻榻米要睡 4 個人。假如有客人留宿，大家就弓著身子睡，勉強於床尾再擠一人。

1967 年，是功德會成立第二年，暫借普明寺作為會所。當時委員有 10 位，會員 300 多人，第一年共募得 28768 元，救助 15 個家庭的 31 人。

大殿啟用

1969 年 5 月，農曆 3 月 24 日「靜思精舍」完工同時啟用，「佛教慈濟克難功德會」遷入。

以人為本、以合為貴

大殿，1968 年 2 月動土，由黃演言建築師設計。同時，很多的設計想法應來自法師⑨。基座高於地面約 45

公分。建築外觀顏色四種：壞灰色為主、原木色、白色為輔、褐色為線。現今，外牆材料為壞灰色的洗石子，屋簷下、四周有回廊，回廊有 60 公分高的柚木欄杆（早期為褐色鐵欄杆）。

正面入口 4 支白色油漆圓柱，每支柱子上有褐色飾帶各二，共八條，並輔以褐色基座。4 支白柱，意涵內修「誠、正、信、實」，外行「慈、悲、喜、捨」，為慈濟人對自己身行的期待。門、窗檜木、正面左右對稱佛鐘造形窗各一樘，警策自己、提醒眾生日日精進。屋頂壞灰色，式樣採歇山式、單簷、九脊屋頂，頂脊為「佛寶」、「法寶」、「僧寶」之佛教三寶。以「瓦非瓦」⑩〔16〕06 為屋面。屋簷大而緩，顯得清靜而柔美、低調而親近、富修行精神。入口式樣則為懸山式人字屋頂，寓以人為本、以合為貴。

克難克己多用途

室內木作佛龕，供奉素白莊嚴佛像三尊，本師釋迦牟尼佛、觀世音菩薩、地藏王菩薩。牆面及天花為水泥面上直接刷白漆。地板至今仍為興建之初的小塊櫸木拼貼。惜物、愛物可見一般。

室內大殿面積 33 坪，另回廊 10.5 坪。構造為一層之

■ 靜思精舍大殿，門前四柱寓內修誠正信實，外行慈悲喜捨（上圖）。內奉本師釋迦牟尼佛、觀世音菩薩、地藏王菩薩（下圖）。（上／黃筱哲攝；下／曾芳榮攝）

鋼筋混凝土，室內無柱，頂梁為斜梁，隨屋頂斜度走。大殿剛蓋好時並無隔間，所以白天當辦公室、晚上當寮房。後來隔間，大殿在前，寮房在後，大殿兼做功德會的辦公室。空間雖小，卻兼具多功能。

當初土地面積一甲半。1966 年的購地及之後大殿的興建經費，由法師俗家母親王沈月桂女士協助及法師向銀行貸款籌得。

次次增建

1972 年增建。除空間的不敷使用，主因也是為了禮請法師的師父（即印順導師）到花蓮短暫的駐錫而擴建。

1975 年第三次增建。妮娜颱風橫掃東部，為解決受災孤兒寡婦的居住問題，也因為強颱吹走靜思精舍廚房和辦公室之間的走廊。因此增建大殿後方二側的水泥走廊、鐵架、以及在辦公室後方蓋了 6 戶 (13 坪／戶) 鋼筋水泥房給受災戶使用，土地為功德會所有。

1981 年第四次增建。1979 年法師決定要在花蓮蓋醫院，這是當時的「天方夜譚」；然而，在這之後，功德會的委員人數及會員人數急速增加。為了讓熱心護持的在家居士們有休息場所，因此於 1981 年 2 月增建一幢樓房，樓上做為居士們的寮房，一樓則為大寮和齋堂。

1992 年一樓改為電腦室。

　　第五次增建。1984 年醫院第二次破土，除委員、會員激增，諸多年輕人也皈入精舍，使得僧眾寮房不敷使用。於是增建僧眾、近住女的寮房及會議室。

　　第六次增建。由於工作場所的不足，於 1983 年至 1985 年間增建一排木屋，做為手拉坯、製衣、曬衣、倉庫等之用。

　　1989 年第七次增建。為了「打佛七」、及冬令發放的空間，樓上增建鐵皮寮房。另再增建倉庫。

　　1991 年第八次增建。因慈濟醫院啟用，全臺許多委員回花蓮當醫院志工，所以增建一棟男眾在家居士的寮房，一樓做為豆元粉、薏仁粉的工作坊。增建一棟女眾在家居士的寮房，一樓做為大寮及齋堂。

　　1993 年第九次增建。原本木屋工作室及倉庫拆除，改建為寮房、講堂和辦公室。平面 L 型。

　　1998 年第十次增建。由於慈濟志業邁向國際化，同時慈濟三十三周年慶將屆，為解決全球慈濟人回「心靈故鄉」尋根的住宿問題，由北區慈誠隊負責先增建男眾寮房三樓，之後增建後棟的「慈誠樓」、製燭工作坊，將觀音殿與中庭打通、填平、增建知客室、會客室，並將女眾寮房、新講堂樓上的寮房改為僧眾寮房。本次增建

採預鑄工法。〔11〕

1998 年之後，需求始終有增無減，空間一直不敷使用，精舍建築仍然陸續增建。2006 年 9 月起，協力工廠、南北寮房三樓、「感恩樓」寮房、菜園區回收倉庫及整修辦公大樓等工程陸續啟動、完工。

2009 年 9 月起，動工拆除原有觀音殿，之後「主堂」動土，直至 2012 年 1 月「主堂」啟用。

之後亦續新建辦公大樓、整修男眾寮房 1 樓等。精舍建築工程，因應時代腳步持續進行。

「靜思精舍」是所有慈濟興建的建築中唯一有出家師父常住的道場。

精舍規模內容大致有：大殿、主堂、知客室、大小會客室、各類辦公室、大小會議室、常住師父「一日不作，一日不食」賴以維生的工作場所、僧眾寮房、男眾寮房、女眾寮房、齋堂、大寮、菜園、果園等。

主堂興建原因及原則

慈濟功德會成立後的第 3 年大殿啟用，將近半個世紀，至第 46 年才有主堂的啟用。歸納法師決定興建「主堂」的原因，大致如下：

1. 不捨精舍常住的出家弟子，尤其歷經 2005 年的龍

王和海棠強烈颱風，建築新新舊舊連接，室內到處漏雨，門窗進水，法師心很痛，覺得很對不起發心跟著師父修行的這些弟子。

2. 因為導師助緣。每次颱風，法師上樓看導師，導師就會跟法師說：「聽說颱風來，到處都有漏水。你們這個精舍有這麼多人，應該要重建啊！」

3. 空間不足。常常早課後的晨語時間，聽法師開示的人散布在各空間，有在大殿、觀音殿、會議室、簡報室等等。法師覺得這樣實在不像道場，沒有道氣。

4. 為了宗教形象。「『靜思法脈』就是『為佛教』。為佛教，一定要保持宗教形象，出家修行者，就是最好的佛教形象。靜思精舍永遠都是慈濟的起源，慈濟的起源就是這一群出家人。寺院、精舍，就是『為佛教』的形象中心，也是精神的中心。『精神』看不到，但『形象』可以留下來。我們現在要蓋的屋舍，必須樸素而莊嚴，要襯托出建築物之美。這是精神的形象，是慈濟人的家。宗教的精神要由出家人來作證。精舍整建，就是要讓出家眾有個穩定的修行道場，也是為了『傳承靜思法脈，弘揚慈濟宗門』。無論在精神上或形象上，這樣的道場一定要有，所以我非蓋不可。」

5. 做為全球慈濟人的家。「這裏是慈濟宗門、全球慈

濟人的家，應該要有足夠的空間。除安住常住外，醫療
志工白天在醫院服務，晚上回來我們的家，這樣慈濟人
的家才會永遠存在。國外的慈濟人回來，我們還有家，
有一群修行者在。這也是我們心靈的家。」

6. 給清修士安身地。形象上沒有出家，但用出家的心
投入人群的清修士，有一群一生已盡形壽、獻身命的常
住志工，有一群宗教處的年輕人，抱持單身，終身奉獻
給慈濟。這些人也需要棲身地。

7. 慈誠師兄以「蓋自己的家」的用心，再度要回精舍
幫忙，法師很感恩。法師同意師兄、師姊回來「蓋自己
的家」的條件是：要幫師父守護慧命，大家不要有「我
們出錢買東西回來」或帶錢回來供養的心態。讓你們回
來幫忙，目的是讓大家有參與感。〔16〕06

「我也有年齡了，必須為下一代將道場建設好，讓人
人的道心有歸宿。出家人本來就要克難，難而無難，才
是真正的修行者。但常住眾年年累增，空間也不夠使用，
每次看到常住寮房的擁擠，我都打從內心覺得愧疚，無
論如何，一定要重建。」

「精舍是慈濟的發祥地，修建慈濟宗門的道場，是否
應當很宏偉？但以常住的力量，無法隨心所欲。再者也
為了道場精神，精舍會永遠保持簡樸。」

「靜思精舍以自力更生為修行原則，從慈濟草創迄今，精舍生活用度與慈濟善款收支即清楚分明，毫不混淆。」法師表示這一份堅持與法脈清流一定要永久留存。〔7〕06 冬

主堂建築

建築如慈濟。集證嚴法師及眾人心思成就殊勝。主堂建築師為郭書勝建築師。內裝設計師為高銓德設計師。施工主要由慈濟志工專業團隊及常住師父承擔。

法師感恩慈濟人於工程期間投入一萬多人次，回到精舍蓋自己的家。「精舍常住負擔全數建築費用，慈濟人則以真誠的心，付出力量，無形的心血融入有形的建築，意義非凡。」

日日是好日

「日日是好日」，準備好的日子就是好日子。什麼時候準備好，就什麼時候開工，「主堂」建築於 2009 年 9 月吉日開工。於 2012 年 1 月 9 日完工啟用。

宛如沙門緇衣

「主堂」建築外觀，不出三色。壞灰色、原木色、紅

■ 主堂屋頂屋面由 8 千片銅瓦按裝於混凝土面上，銅脊為全手工鈑金（上圖）。
洗石子外簷、牆體，木製欄杆及屋簷內側天花，透顯典重莊嚴（下圖）。

（上／王賢煌攝；下／陳李少民攝）

銅色，寧靜儉樸。外牆全部為壞灰色洗石子，與大殿、精舍內所有建築一致。屋頂式樣與大殿同為歇山式，但為重簷，上層 9 脊、下層 4 脊。頂脊同彰三寶。頂脊鏤空有 4，於銅穩中多添一分輕安。屋面全銅面，8 千片銅瓦按裝於混凝土面之精度及難度高於木構屋頂。銅脊曲面不一，故為現場全手工鈑金。隱藏天溝的銅焊師傅在臺灣極少，施工具挑戰度。屋瓦形式，不用宮廷的圓筒狀，而延續大殿較平民化的文化瓦。二側廂房及前回廊屋頂，則維持「慈誠瓦」的特有做法。主堂，與大殿之間中庭留白，與二側廂房間採光天井長形留設。正門 6 扇，鐫刻《無量義經》〈德行品〉經文：「靜寂清澄，志玄虛漠，守之不動，億百千劫。」「無量法門，悉現在前，得大智慧，通達諸法。」為出入「慈濟宗門」依歸「靜思法脈」。

宛如沙門、宛如緇衣[11]。

一體無爭

整體而言，主堂延續大殿的本來、靜寂。主堂、大殿，新、舊建築相融、相契、相合、相得益彰。並與中央山脈、自然景致整體協和、一體無爭。時間，相距 40 餘年，始終如一。

■ 靜思精舍主堂與大殿，儘管建築時間相距四十餘年，但新舊建築相融，始終如一（上、下圖）。主堂內部陳設，主牆面有象徵佛陀淨灑地球的宇宙大覺者像（右圖）。

（上／王賢煌攝；下／陳李少民攝；右／白崑廷攝）

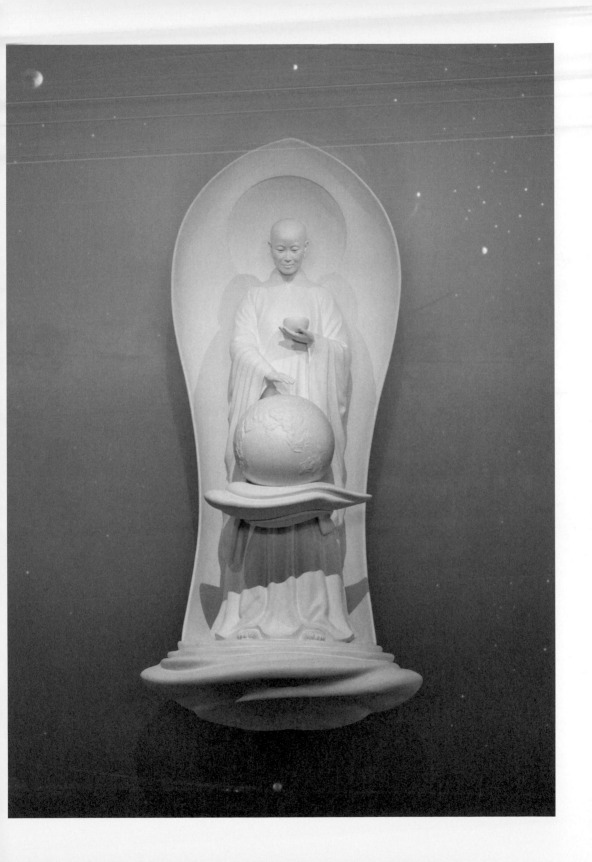

基礎採筏式基礎並設雨水回收。結構為 S.R.C 鋼骨鋼筋混凝土，鋼骨樑柱韌性接頭，耐震係數高於救難中心。

「主堂」建築，座向朝東，與大殿相同。位大殿正後方，二者間有一中庭。1 樓「主堂」室內高 9 米，面積 200 坪，供每日早課及法師講經傳法用。2 樓藏經閣，面積 90 坪。地下 1 樓「感恩堂」，面積 280 坪，做講堂、大型會議、營隊集會功能。「主堂」二側並有廂房，與「主堂」同為地上 2 層、地下 1 層之建築，但高度較低。二側廂房地下室皆為多功能教室。1 樓北側為知客室、會議室，南側為法師會客室。〔7〕12

虛空有盡，我願無窮

「主堂」的主牆，並未設置傳統佛龕，而是以一面蔚藍的水晶壓克力晶雕宇宙弧牆取代，牆上有星圖，是 1966 年農曆 3 月 24 日慈濟功德會成立時的星象。居中而立是素白、立體、以行動膚慰地球的「宇宙大覺者」。

主中之主。精舍的主堂，主堂的主牆，構成的工法特別、僅有。為了讓主牆透過眼根、眼識，在內心起深邃、寬廣、微細的心相，從而啟發、覺察，內心原來可以的「心寬」；眼所見，是具有相當厚度的水晶壓克力（同靜思書軒之宇宙大覺者材質），其上並有深淺大小不同的

鑿孔，或裝置 LED 燈，或以側光手法，塑造出呈呈有亮、有次亮之層次，星星有大、有小，卻遠近難辨、難思的太空、宇宙之浩瀚；眼所見更深一層，是深藍的背牆，在壓克力之後相當深度的位置，畫家所繪之鋼板背板。整面主牆，並非平面，而是立體的、球狀的，弧度於 X 軸及 Y 軸；而星星中，最明亮、閃亮的，正是中央大學所命名的「慈濟」星。

立於主牆之主位。佛像的基本意義，在於令所見者，對佛陀的精神行誼生起景仰之心，進而效法學習。「宇宙大覺者」的塑像，僅見於慈濟道場，是對慈濟人的啟發與勉勵，是與有緣相見者，心靈真如的接觸。

見佛像，如見佛；見佛，如見自性。佛陀以站立姿勢，慈眼垂視眾生，右手「膚慰」地球，左手持鉢，腳底生蓮，立於浮雲虛空之中。傳達的是，佛陀慈悲為懷，慈眼視眾生，不捨地球人間、不忍大地受毀傷，不僅撫慰地球，更親自以手接觸直接遍布施「膚慰」地球、「膚慰」眾生。持鉢，寓表智慧，以大愛、清淨之水灑淨眾生。悲智雙運。唯有力行、做就對了，並以慈悲、智慧才得以廣度眾生。無休、無止。行中道。走入人群，行菩薩道，學習蓮花的出汙泥而不染。深解蓮子、蓮花的因果共生。緣起性空，腳踩虛空，自然、無我。

佛像，合和了主牆。似乎，在此末法時期，再度明醒了我們，「透」過「像法」，「回」到正法，找回真如、自性、佛性。也「見」到了微細的實相。當用深邃的、「念純」的心。

而，其實，實相一點也不微細。

對於主堂不做佛龕，法師的闡釋非常深廣：「因為佛陀是宇宙大覺者，不應該局限在固定的空間。希望以此表達佛陀覺悟宇宙萬里的精神意境」。

有人曾問證嚴法師，成佛是什麼樣的境界？「靜寂清澄，志玄虛漠，就是佛陀開悟時的心靈境界。」法師形容得生動細膩：「佛陀在寧靜的心境中，突然之間，眼光與天上的一顆星光接觸在一起，瞬間，心靈開闊，無邊無際，這遼闊的心靈境界，好寧靜、好寧靜，而且一片清澈無染。那個時候的佛陀，他的心『心包太虛，量周沙界』，那樣的遼闊，這就是佛陀心靈的境界，我們要學習啊！」〔17〕

接續主牆二側的介面，是如垂幕功能的噴沙水晶壓克力，特有的曲面收邊，增添了太虛無涯的意境。

續接噴沙水晶壓克力的則為二側的木刻竹雕牆，在厚僅 0.9 公分的檜木上，創作了六個層次竹葉的重疊。竹雕牆的用意在呈現佛陀於竹林說法的氛圍。而竹代表德

（「竹」之臺語音同「德」），竹節象徵守戒、廉節，竹葉柔軟寓慈悲，竹幹剛勁直入雲霄，則是不斷精進的心。

40 餘年無空調

四周牆體，除主牆及大門，二側牆面除梁柱外「全面」開窗，有下窗、中間窗、上窗、高窗，並為外推窗的「全開」窗，以取得室內最大自然通風。其他取得通風的做法包括：窗戶臺度降低、冷風出口於地面，以接近人體利於盤坐者，格柵天花吸化上升熱氣，深走廊，走廊地面鏤空連結地下室通風管，通風中庭，通風天井等做法。窗戶為百葉窗、紗窗、防颱窗三層一體的「窗中窗」。

天花，人字造型、木作直線格柵、垂直於主牆，除增加縱深感，並表現出船艙，仿如置身慈濟法船，並吸化上升熱氣。

木地板架高 40 公分，並設置小型擴音器於各盤座座位四角。

室內空調，延續精舍自 1969 年有建築以來一貫的原則：無任何空調系統，唯用自然通風或電扇。

暮鼓晨鐘警策心

主堂大門前的鐘、鼓，分別置於 24 片菩提葉組成的

■　主堂室內以天然木建材構成天花、地坪，利用建築設計達到免用空調的節能減碳要求（左圖）。兩側大面積開窗（上圖），地板鏤空木條下設有通風口（下圖）；可有效強化室內採光與通風。　　　　　　　　　　　（左、下／王賢煌攝；上／黃筱哲攝）

大菩提葉中。菩提脈絡代表 24 個節令。銅鐘上刻有「慈濟志言」，意義在警策慈濟人精進行菩薩道的深意。鐘、鼓立地支撐，異於一般懸掛式的原因在於花蓮多地震。鼓有油壓升降，則為了適合不同擊鼓者之身高。鐘自裏面叩擊。

燈飾部分，則為精舍陶藝坊常住師父及志工們自行精心製作的法器。

中庭室外木地坪、樓梯，延續主牆二側以竹為主題的意象，以竹節作為止滑條，止滑條邊有排水線溝。整個地坪潔淨，也適合了慈濟特有的脫鞋文化。

物盡其用，木頭是菩薩

作為室內裝修的木料，有新料、亦有舊料新用。舊料拆除自現地原有之觀音殿的門、窗、地板等。為物盡其用，慈濟人仔細把鐵釘拔出，擦拭乾淨，包裝保護，存放倉庫，等結構完成進行內裝時，再將之全部用進新建築。由於施工精細，若不特別指出，根本看不出舊料新用。正如志工所言：「把每塊蓋主堂的木頭都當作菩薩，用恭敬、虔誠的心去處理」。

就連興建主堂剩餘的木料，也一一回收，製作成精美又實用的木筷與木筆。法師拿來與眾結緣，希望大家用

筆寫好自己的人生劇本，用筷子吃八分飽，成長慧命。

地下 1 樓「感恩堂」的佛像「大地之母」，柔和善順、慈悲喜捨、庇蔭大地，則更彰顯了大愛、彰顯了慈悲、彰顯了「慈悲為懷、濟世救人」。

小結

追蹤靜思精舍建築的興建歷史，從買土地、建築大殿、一次又一次增建、建築主堂、時至今日逾半世紀，仍繼續成長增修中。讀著靜思精舍建築史就如同看到縮影與對應慈濟在世界的發展史。

「嚴以律己，寬以待人」，法師及出家師父們的生活，簡單到不行。在精舍看到的建築是「不為自己求安樂」的克己、克勤、克儉、克難；在全球看到慈濟的建築則是「但願眾生得離苦」的汲汲為眾生。「人饑己饑、人溺己溺」，多簡單的 8 個字；但，要做到，談何容易？

精舍第三次的增建，當時法師的理念是：「只要自己有一碗飯吃，就不願看到有人挨餓。」當時，有戶孤兒寡母，母親日本女子（被臺灣人領養），先生早亡，辛苦帶著幼小的一女三男。母親外出工作，法師探訪，看到不滿十歲的哥哥背著弟弟在煮飯，黑黑的鍋子，灶由三個石頭架成，其他無一物。孩子們狼狽瘦弱，讓法師

■ 靜思精舍主堂，正門鐫刻《無量義經》，寓出入「慈濟宗門」依歸「靜思法脈」（上圖）。銅鐘上刻「慈濟志言」，意在警策慈濟人精進，行菩薩道（下圖）。大門前有鼓，寓意警醒眾生聽聞佛法（右圖）。（上／王賢煌攝；下、右／古亭河攝）

非常不忍，回精舍後連連嘆氣，端起飯來卻咽不下去，嘆：「天底下為何有這麼可憐的人！」於是建一木屋，把他們全家接來住。之後颱風，再搬進新建的水泥房。

精舍的建築其實超越了綠建築的設計，精舍惜物愛物的生活也不僅僅環保，更是對自然的尊重、融入、謙卑，就像建築外觀給人的感覺，不是輕蔑的、不是試圖統治的、也一點都不高傲的。

「邊走邊整隊」，精舍建築，每隔幾年，一次又一次的增建、修建、拆除，看似無章法，其實是建築這事相，隨著因緣在流動罷了；建築的理相、理念，尤其起心動念，其實是有其一路走來的堅持。「有為法」隨緣流動，「無為法」如如不動。靜思精舍的建築如此，慈濟全球的建築如此。

註釋

①菩薩，一般指的是膜拜的塑像或畫像，如觀世音菩薩。佛教指的是修行境界的層次之一，如佛、菩薩、聲聞、緣覺、天、人……。在慈濟，只要是做好事、甚至只要發好願的人，都會尊稱對方為菩薩，是對對方的一種鼓勵及祝福。

②蓮花椅，歷經多次、多年研發，為慈濟特有之全木製坐椅。座面有蓮花圖雕、為可掀式，有靠背、可活動，兼具拜經、儲物、端坐功能。多用於道場中最主要空間之講經堂。

③「身心寬暢」，慈濟世界裏特有的名詞，指活動或課程中間之休息時間。通常活動主辦單位會利用此時間及空間提供茶水、點心，乃至擺設桌、椅，供與會者休息或彼此交流。桌上並常有賞心悅目的小品花等，呈現主辦單位的貼心及用心，亦為慈濟人文呈現之一種。

④以身、心、靈簡言之，色身指身體，法身指心、靈。

⑤「晨鐘起薰法香」：證嚴法師每日 05:20 於靜思精舍對常住眾、清修士等弟子們開示，行之有年。經東海大學之「慈青」發起網路早起聞法，之後各道場之慈濟人有感聞法之重要，遂起而效法晨起精進，也運用網路即時與本會聯線聆聽證嚴法師開示講述佛法，為「以理啟事」。
「志工早會」：證嚴法師每日 07:00 於靜思精舍與 6 家醫院、慈濟大學、人文志業中心等志業體同仁及各主要道場連線開示說天下大事、傾聽弟子心聲，為「藉事會理」。

⑥ 1 分 =3-4.5mm。1 分 2=4.5-7.5mm。2 分 =7.5-10mm。3 分 =10-13mm。5 分 =13-16mm。

⑦「飛天」又名香音神，是對佛的禮贊。在佛國司散花、歌舞、供獻，象徵法喜充滿的天神。

慈濟建築所透露出的
宗教思想

「慈濟建築」只是名相、只是事相、只是「有為
法」。或許，在「慈濟建築」的「無為法」裏，
有其深一層的精神——宗教精神！
證嚴法師認為「宗」是「人生的宗旨，人生要有
『愛』的目標」，「教」是「生活的教育，心靈要
向善、向上，還要身體力行進入人群去行善」。

15

宗教思想

「慈濟建築」只是名相、只是事相、只是「有為法」。
或許，在「慈濟建築」的「無為法」裏，有其深一層的
精神——宗教精神！

宗、教

對於「宗教」這件事的理解，自古，在漢語裏指的是
兩件事情，分別是「宗」與「教」，「宗」是「對神及
祖先的敬拜」，「教」則是「教育、育化」。

直至 10 世紀，「宗教」一詞才最先見於佛經，而有「崇
佛及佛對弟子的教誨」的觀念。「宗教」，指向的是對
崇敬、景仰物件的一種表示，並且接受這一物件對我們
的教導。

西方宗教學家的宗教思想

至於西方的「宗教」(Religion) 則源自古羅馬，西元前
5 世紀或更早前的拉丁語「Religio」，是「人對神聖的
信仰、敬畏與虔誠。是神、人之間的融合」。宗教的源
頭是如此，但宗教的意義並不等同就是這樣，在當時也

未形成對「宗教」的特定概念。

後來的社會學家、人類學家逐漸把「宗教」看成是一種抽象的觀念，而這抽象的概念是基於自身文化的發展而建立。

隨著西方「宗教學」的崛起，每位「宗教學家」對於宗教有了各式各樣的定義，多數的定義是試圖在很多極端的解釋和無意義的表述中去找到平衡。有形式的、理論的、強調經驗的、感性直覺的、倫理的等等。至此，西方、東方學術上也才將「宗教」與「Religion」畫上了等號。

從《宗教百科全書》中，我們對「宗教」瞭解是：1.每個「宗教」或明瞭或令人疑惑的，但總是試圖完美解釋這個世界，2.每個已知的文化中都包含或多或少的宗教信仰，3.這「宗教」的形式、完整度、可信度等等因不同的文化而不同，4.當行為的典範在該文化中得到確立，自然它就在這文化中留下歷史烙印，5.人在這社會中難免會受到宗教影響。

顯然，宗教在不同的時間，在不同的文化背景當中，本就存在著不同的含義。而每位宗教學家更存在認知上的差異；然而，追本溯源，宗教基本上都是在「試圖完美解釋這個世界」。

■ 做為神性空間主體，禮拜堂內的祭臺，裝修充滿宗教意涵象徵。如菲律賓獨魯萬聖嬰教堂(上圖)及緬甸仰光教堂(下圖)皆是。(上/黃筱哲攝；下/方海壽攝)

■ 花蓮靜思堂（上圖）和高雄靜思堂（下圖）舞臺。舞臺除了法師講經，更用來
演繹、分享志工由凡夫的人法界往佛法界的菩薩行。（上／謝明傑攝；下／林志哲攝）

東方宗教家的宗教思想

淨空法師認為「宗」是主要而尊崇的，「教」是教育與教化。

印順導師認為「宗」是「直覺的特殊經驗」，「教」是「用文字表達的」。

證嚴法師認為「宗」是「人生的宗旨，人生要有『愛』的目標」，「教」是「生活的教育，心靈要向善、向上，還要身體力行進入人群去行善」。

印順導師還認為，宗教本質上是「人類自己的意欲，表現於環境中」。對於宗教，「西方學者，是依著他們所熟悉的宗教，給予種種的解說」。宗教的特性有二，即順從與超脫。西洋的宗教偏重順從，宗教有約制的意思，宗教是接受外來某種力量（神力）的制約，而不能不順從他。但單接受制約是不夠的；依佛法說，應該著重於超脫。宗教對於人類的價值，在使人從信仰中，強化自己，以勝過困難，淨化自己，以達成至善的境界。

「宗教」的目的，是為提升人類生命及生活的品質，尤其心、靈。人活著，要有宗旨目標，那就是「愛」。生活，需要教育，教育心、靈向善向上，教育身體力行，入人群去行善，並足為「人」品典範，而流芳於「文」史。

正因為「人文」是「人品典範，文史流芳」，值得學習。

所以「人文」可以傳達「宗教精神」，「宗教精神」可以藉「人文」彰顯。

宗教、透露、文字、建築

「宗教」是崇高的、是令人尊敬的、是足為人類生命的終極追求的，不論是曾經的祖先、是外來的神、或自己的佛。宗教因為崇高、終極、完美，所以用一般世俗的想法，的確常常是難知難解的。為了與「宗教」（「Religio」）彼此融合，為了這一「宗極」之「終極」，「追求」的方法可以透過教育、需要透過學習才能達到。

「宗教」的難知難解，尤其在傳達、溝通、透露時，有時還真是「越說越迷糊」，迷糊的原因包括：1.表達、媒介的工具本來不可能完美周延，如語言、文字。2.傳遞的甲方們和乙方們，每個人的體驗不同、生命經驗不同，「宗教」種在每個人心田裏的苗（思）、印在每個人八識田裏的相（想）自然有 84000 種、自然是那樣地種類繁多；也因此常常使得「說者有心，聽者無意」，就像臺語說「鴨子聽雷」聽不懂。3.又尤其透露的主題具有高不可攀的終極性時。

文字是一種方便，用來表達這一「追求」方法、這一「終極」目標。藉用文字來表達「追求」的方法似乎較

不困難；但要用文字來表達「終極」的目標似乎並不容易。因為，「宗教」的體驗經常是直覺而特殊的（印順導師），很難用文字工具道盡。人與人之間平常的溝通，已經常常「有理說不清」，更何況「直覺的特殊經驗」。文字方便，但難道盡，真是「筆墨難以形容」。意義常在「字裏行間」。「只可意會，不可言傳」。「如人飲水」，水的冷暖畢竟要喝過的自己才知道。建築、空間的「無聲說法」。文字如此，語言如此，喝水如此，建築也是如此的。

「以手指月」同樣提醒不要執著在手指上，不要只注意表達的工具，不要只注意表面，表面的建築物；要注意，手指所指的月亮、所指的目標才是「真實」。

慈濟建築的宗教思想即佛教思想

基督教、伊斯蘭教、佛教常被稱為世界三大宗教。慈濟是正宗的佛教，慈濟建築所想透顯的宗教思想是百分之百的佛教，這一點應當是毫無疑問的。

否則，慈濟所興建的建築外觀應該是教堂形式，屋頂或建築的重要位置上要有十字架，室內主要的空間是禮拜堂，而禮拜堂裏最主要的空間是祭臺，服務的對象是天主教徒或基督教徒，建築物應該通稱為「教堂」。

否則，慈濟所興建的建築外觀應該是伊斯蘭式的圓頂或尖頂形式、拱廊的圓拱為尖頂、牆壁若有裝飾應該為阿拉伯式花紋，服務的對象是回教徒，建築物通稱為「清真寺」，還有朝向聖城麥加的特性。

從建築裏供奉的塑像或畫像中同樣明白。慈濟的佛像，有早期就供奉於精舍大殿的教主釋迦牟尼佛、大悲觀世音菩薩、大願地藏王菩薩。於各道場最普遍的是「宇宙大覺者」，其實就是佛教教主。還有「大地之母」，如觀世音菩薩的化身，彰顯大慈、大悲，見於花蓮靜思精舍、清水靜思堂、豐原靜思堂等地。而在各家醫院大廳的則是「佛陀問病圖」，《無量義經 德行品第一》「大

醫王，分別病相，曉了藥性，隨病授藥，令眾樂服。」
佛陀是大醫王，可治眾生的身病及心病，佛陀不捨眾生，
即使弟子平常不與眾合群、難調伏（圖中生病躺著的），
佛陀一樣慈悲平等照顧。以及慈濟大學裏的印順導師紀
念銅像。

■ 花蓮慈濟醫院大廳的「佛陀問病圖」，由藝術家顏水龍教授所
創作的馬賽克壁畫，於 1986 年完成。　　　　　　（攝影/許榮輝）

從與教堂、清真寺同屬性的
「靜思堂」透露

六和敬

每座靜思堂的外觀，屋頂基本上都是中國懸山式①的人字屋頂及灰瓦，尤其主建物和外玄關入口處。「人」字的意義在於以人為本，修行要修的是自己這個人，主修的是十法界②眾生裏的人法界。「人」字的屋頂也是「合」形的屋頂，意義在於「合和」、「人和」，是佛陀對僧團的日常要求，也是法師對慈濟人的期盼，不論出家或在家的弟子，只要在這屋簷下，每個人種種的心、行、彼此的互動，都希望能以和、以合為貴。也因此。法師對弟子不要求、甚至慈悲的禁止弟子供養，唯盼弟子「以和供養」。俗云「家和萬事興」，聚合人「和氣生財」生智慧財也。

除社區道場類建築，懸山人字屋頂在慈濟各類建築裏普遍被使用，例如 2007 年 1 月啟用的臺中慈濟醫院；或為數眾多的 B 類建築（沿用舊建築），在整修時也都要在玄關入口處加上這一慈濟的圖騰，提醒人人「六和敬」③。

■ 花蓮靜思堂（左圖）、米蘭大教堂（上圖）與馬來西亞吉打州清真寺（下圖）。
不同宗教建築，各有其獨特宗教象徵與設計，但建築整體都表現其莊嚴肅穆與
寧靜祥和。　　　　　　　　　　　　　　（左／潘秋華攝；上／安培淂攝；下／蕭耀華攝）

慈悲平和

　　每位建築師對慈濟的宗教精神或有不同的體會,而加大了屋簷、放緩了屋面的坡度,就像「嘉義靜思堂」的屋面。人字大屋頂,也是庇護,意象「大地之母」佛像的慈悲、廣大、柔順、平和。

佛寶、法寶、僧寶

　　規模較小的建築,其屋脊簡化了意象。

　　然而,慈濟建築的屋脊,在最「崇高」的位置還是保有了「佛寶」、「法寶」、「僧寶」的三寶象徵。類似

■ 嘉義靜思堂的人字屋頂,屋簷加大、坡面和緩,寓「大地之母」慈悲、廣大、柔順、平和之意。　　　　　　　　*(攝影/賴世寶)*

十字架的宗教地位。

戒貪

　　灰色洗石子外牆是沙門、是緇衣，分割線是條布的縫合線。僧袍的顏色提醒出家人減少貪欲，建築的外觀提醒慈濟人儉樸生活，不論出家人或慈濟人同樣都要走入人群行菩薩道。一棟棟的慈濟建築，矗立在繁華五光十色的水泥叢林裏。就像災區裏的「藍天白雲」。就像每位出世的修行者，矗立娑婆，入世救人。

　　「藍天白雲」是「志工精神」的象徵，「人合屋頂、灰瓦灰牆」是「慈濟建築」的符號。

誠、正、信、實。慈、悲、喜、捨

　　每座靜思堂外玄關入口，或正面位置的 4 或 8 根柱子，意涵「誠、正、信、實」、「慈、悲、喜、捨」，是慈濟人「內修」、「外行」的根本及圭臬。

勤－精－進

　　正面牆面的佛鐘造型窗則是警策自己精進，也是提醒眾生《普賢菩薩警眾偈》「是日已過，命亦隨減，如少水魚，斯有何樂！」

警策的提醒，從大殿啟用的 1969 年，持續至今。

自覺、覺他。內修、外行

《妙法蓮華經序品第一》：「為諸菩薩說大乘經，名無量義，教菩薩法，佛所護念」。「菩薩訓練場」靜思堂的平面幾乎無例外的，都是回字型，回字的中間是「內修」的空間、是「解」的空間，凡事要回向自己的內心、「自覺」，是靜態空間，是室內主要的空間──講（經）堂；回字的周邊，較內修空間接近凡塵，是「外行」的空間、是「行」的空間，除回向己內心、自覺，還要「覺他」，是動態空間，是社教教室、會議室、辦公室等。社區道場類的靜思堂深入人群，是「菩薩訓練場」，在家修行的慈濟人在此接受各項訓練「解、行並重」，學習做菩薩，舉行浴佛、歲末祝福、志工培訓、讀書會，做環保，災害時的防災指揮中心，進行四大志業各類活動等。如此，有靜思堂提供「自覺、覺他」的內、周邊空間，並行入社區，供凡夫的慈濟人練習，才有機會「覺行圓滿」，成就設立菩薩道場的終極目的──成佛、至十法界之圓極。

花蓮靜思精舍也具有同樣的空間結構。精舍回字的「內修」空間是主堂，是法師每天講經說法的地方，是

慈濟人、尤其是常住師父們「充電」的地方;「放電」的「外行」空間是東班的會議室、知客室,及西班法師接待外賓的會客室,及外回外面的菜園、自力更生工廠、大寮、齋堂等,以及外回外面的最外、亦即精舍以外的廣大娑婆。

當然,回歸到內回的內部空間,是主堂、是主堂的舞臺、是主堂的主牆、是「宇宙大覺者」。是最主要的精神空間。是自己內心的佛。

菩薩行果

在「內修、外行」的空間之間通常還有回廊或兼天井,作為動線、通風、及人文走廊展示空間,呈現人品典範、呈現「內修」後「菩薩行」的成果,供彼此學習。所以,講(經)堂外東班及西班的走廊通常都稱為慈悲回廊、智慧回廊,像花蓮靜思堂。而串聯起這兩個空間成為回字或囗字的室內門廳就叫福慧廳,譬如臺中靜思堂。

花蓮靜思精舍的回字空間,串聯起東班及西班回廊的是一個內中庭。這個內中庭也穿越了剛剛好的 44 年時間,而接連了大殿(1969 年啟用)及主堂(2012 年啟用)兩個空間。清淨而寧靜的內中庭,抬頭仰望,尤其清晨、夜漸漸反黑為白時,夜睹明星,明心、莊嚴、殊勝。尤

■ 靜思精舍大殿供奉佛教教主釋迦牟尼佛、大悲觀世音菩薩、大願地藏王菩薩（上圖）。感恩堂設大地之母佛像（下圖）。主堂設證嚴法師尊稱為「宇宙大覺者」的佛陀之灑淨地球像（右圖）。　　（上／曾芳榮攝；下／白崑廷攝；右／陳李少民攝）

其，05:20④端坐聆聽證嚴法師在主堂內開講「靜思法髓妙蓮華」時。

人間佛教之一

講經堂正前方的主牆是宇宙大覺者，宇宙大覺者的前方是舞臺、是人生舞臺，做為整個空間的焦點，是回字內圍的「內心」。「內心的舞臺」是講經堂乃至整棟建築的精神空間。舞臺不是表演用的，是人生真實的呈現，除了法師講經，更多是用來演繹、分享志工們由凡夫的人法界往佛法界的菩薩行。抬高的舞臺上固然也有供桌供奉「宇宙大覺者」；但空間的個性不若教堂祭臺空間的神性，而是更人性、更生活化、更人間化的一個人生舞臺。這是「人間佛教」的本質。

宗教的內向性

回字型的空間結構，在小型靜思堂特別明顯，像「東勢靜思堂」、「嘉義靜思堂」、「竹山靜思堂」、「小港靜思堂」、「西螺靜思堂」、「大寮靜思堂」、「東港靜思堂」等，是回字簡化了的ㄇ字型；大型靜思堂像「花蓮靜思堂」、「臺中靜思堂」、「清水靜思堂」、「高雄靜思堂」等，是立體豐富化了的回字型；花蓮靜思精

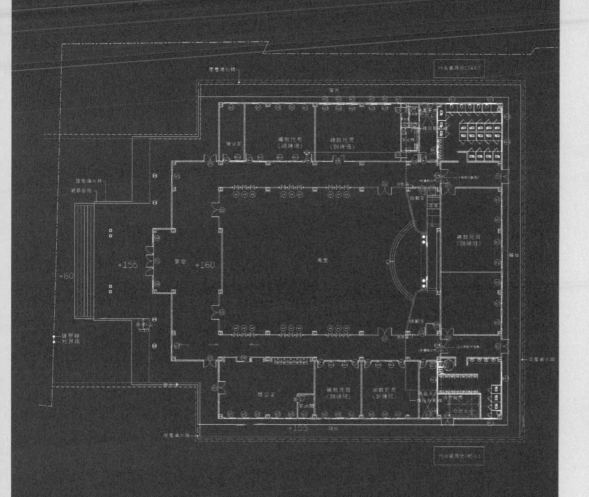

■ 嘉義聯絡處新建工程一樓平面圖。回字型的空間結構，在小型
靜思堂特別明顯，為因應建築的多功能用途，在內圍之外，增加了
教室、會議、辦公、展示或寮房等周邊空間。

（圖片／林文成建築師事務所）

舍的主堂，則是平面有機擴展了的回字型。

樓層數增加，增加了教室、會議、辦公、展示或寮房等類似空間，但空間的本質並未改變，空間特性也沒有因此而弱化。平面擴展的回字一樣。內圍仍然是講經堂，內圍的內心仍然是宇宙大覺者、是舞臺。佛教的宗教精神不是外向性的，而是內向性的，「佛在靈山莫遠求，靈山只在汝心頭，人人有個靈山塔，好向靈山塔下修」、「自性是佛」、「佛在心中」，慈濟、慈濟建築當然也是如此。

勤行道

講經堂的空間，不管大小，最好是平面式的，對慈濟而言還有一個重要。因為共修時需要全體共修者一步接一步腳步跟緊一起繞佛、繞法，是內向性「勤行道」的道場空間；而不是外向性、階梯式一般的演講表演廳。只有「靜思法脈勤行道」精進向上、向內求慧，才得以「慈濟宗門人間路」向外造福圓滿。

清淨道場

靜思堂建築的顏色，室外灰色、白色系，室內灰色、白色、木紋色系，單純的色系，單純了整個建築，寧靜

了整個空間，沉澱了每顆身在其中的心，清淨了凡夫的靈，呈現了期待這是一個清淨的道場。

許一個人間淨土的未來。「無聲說法」自然而然的氛圍，不只靜思堂，其實慈濟所興建的其他建築也都是如此。「道氣」是也。

出淤泥而不染

慈濟建築裏的家具，一樣透露宗教思想。大型講經堂

■ 板橋靜思堂講經堂座椅，椅背飾以慈濟基金會會徽，蓮花八瓣，代表慈濟人時時依八正道而行。　　　　　（攝影／游錫璋）

裏才有的木製蓮花椅，是慈濟所特有的，這是印順導師的點子。坐的人必須端坐才會舒適，使用時也必須用心才不會發出聲音，以免影響整個講經堂的道氣。蓮花椅非常實際，功能上除了端坐也可以禮拜，就像教堂裏的長條坐椅也兼祈禱用。只不過蓮花椅是為了禮拜佛陀而設計。

蓮花椅是一人一座，擺設時有卡榫可合和成排或單獨一座。可合眾、可獨處也。活動式的椅背，上有慈濟會徽的蓮花圖案，正好可以「依靠」。坐位下可放置鞋袋，側邊可放置筆記本，正合慈濟進門脫鞋的人文、及勤做筆記的精進求法。椅面可掀式、略凹的圓形面上有蓮花的圖案，除了止滑，也如坐於蓮花之上，是對坐者的祝福，祝福身雖處五濁惡世而心能出淤泥而不染。

清淨蓮花

蓮花是世界上最早的被子植物，早在 1 億 5000 萬年前即已在地球上蓬勃發展。

《妙法蓮華經 從地湧出品第十五》：「善學菩薩道，不染世間法，如蓮華在水，從地而湧出」。蓮花，代表漂浮在欲望汙水上的身體、言語、心靈的純潔。

佛教以蓮花代表佛、代表教主。「蓮花，出於淤泥而不染」用來形容「如來，已不為世間八法所染汙」。

《妙法蓮華經》以蓮花為名，而《妙法蓮華經》正是佛教所有經文中的「經中之王」。

蓮花為群蜂所採，譬如法界真如為眾聖所用。

慈濟基金會的會徽就是蓮花的圖樣。圖樣的「八瓣花瓣」代表慈濟人時時依八正道而行。八正道者：正見、正思惟、正語、正業、正命、正精進、正念、正定等八種盡離邪非的正法。蓮花的「花果並生」，意指在慈濟團體中時時下種、開花，日日花開見果。〔1〕

慈濟建築，亦有以蓮花為精神意象，試圖傳達宗教思想及價值觀。如 1990 年啟用的花蓮靜思堂，周圍的柱基座、廣場前橋欄的扶手、室外地坪的鋪面、室內感恩

堂的地磚、裏面講經堂的椅背椅面等，皆以蓮花為題。有以基金會蓮花會徽為建築基本平面而加以發展空間的，如 2005 年 1 月啟用的關渡人文志業中心大樓、如 2006 年 12 月啟用的豐原靜思堂、如 2009 年 5 月啟用的慈濟大學教育傳播大樓、如規劃但未施工的苗栗靜思堂及慈濟大學苗栗分校。

■ 位於北投的慈濟傳播人文志業中心大樓，大門前庭蓮花瓣天花。以建築意象傳達宗教精神及價值。　　　　　　（攝影／蕭嘉明）

■ 慈濟建築有以佛教象徵的蓮花、菩提葉及慈濟會徽等為意象。如豐原靜思堂
建築平面（上圖）、苗栗園區，社福及文教規劃案之一（下圖，未興建）皆是。

（上／徐明江攝；下／林文成建築師事務所提供）

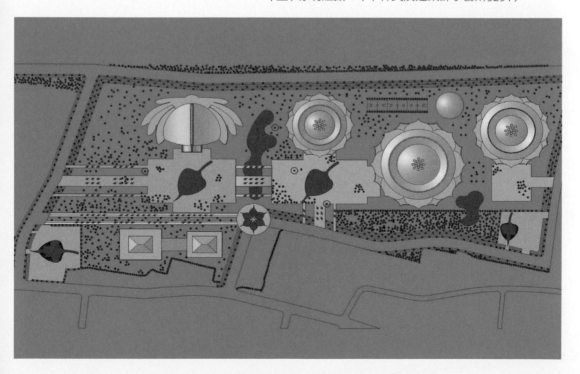

從第一起心透明

不為自己求安樂，但願眾生得離苦

且不論慈濟建築後來的種種。從起心、從源頭、從慈濟蓋的第一棟房子談起，慈濟蓋的第一棟房子，並不是法師自己或弟子們自己要住的，而是為獨居、眼盲、貧困的李阿拋老先生興建 5 坪大的新屋。那時慈濟還是「克難功德會」，也沒有屬於自己的住房或會所，靠的還是多做嬰兒鞋的微薄收入。

如果沒有地藏菩薩的大願，如果沒有觀世音菩薩的「但願眾生得離苦」，如果沒有「人傷我痛，人苦我悲」的宗教情操，以當時借住在 4 坪不到木造房子的法師及弟子，恐怕很難做到，更遑論俗世的你我。

尤其法師和他的弟子當時生活也是清貧，法師也才離開豐原富裕的家庭沒幾年。

一生無量

醫療志業體類建築的第一棟──花蓮慈濟醫院，從1979 年法師發起建院至 1986 年啟用，將近 10 年時間。當初建築的預算約 6 到 8 億元，但破土時僅勸募到三千

多萬元。建築的資金來源就是像現在委員、慈誠們的募款一樣，一戶戶、一塊塊點點滴滴募來的；過程中，經費極度困窘，有位日本華僑準備了 2 億美金（相當於當時臺幣的 80 億）要捐給法師做為建院基金，法師很感激，但並未接受。

法師告訴弟子們：「積沙成塔、粒米成籮，如果能點點滴滴成就這棟建築物，有一天到這裏就會感到很親切，因為這座醫院有你的一把沙在裏面，有你的一根鐵釘在其中，那時候你就會覺得這座醫院有你我的愛心在裏面。」「福田一方邀天下善士，心蓮萬蕊造慈濟世界」。法師認為：蓋醫院要募的是臺灣人的愛心，要啟發臺灣人的善心，並且像《無量義經 十功德品第三》：「是經譬如從一種子生百千萬，百千萬中一一複生百千萬數，如是輾轉乃至無量」。因核果海，一生無量，不要小看。法師重視布施的那一念發心，而非金錢的多寡。要教育一般人心靈的向善向上，沒有用超越的心胸似乎不可能如此。在建築的外表之下，花蓮慈院的建築過程，也彰顯了宗教家的這份情懷。

從空間及類別顯露

法雨普施布善種

　　慈濟建築，除了為苦難眾生即時除苦的慈善賑災類建築。另外還有社區道場類，及醫療志業體類、教育志業體類、人文志業體類等多種類別的建築，做為《無量義經 德行品第一》「布善種子遍功德田，普令一切發菩提萌」的基地。這些建築類別內容都是人類生活最基本、或生命提升價值最需要的。這些建築、這些行善修行的基地，已經遍布全球 5 大洲，普施在 50 個國家地區。利用這些建築基地，慈濟人行遍了 87 個國家。不只苦難眾生得度，慈濟人在幫助別人的過程當中自己也得度。就像《妙法蓮華經 藥草喻品第五》「一切諸樹，上中下等，稱其大小，各得生長，根莖枝葉，華果光色，一雨所及，皆得鮮澤。」每位慈濟人「各得生長」，每位苦難眾生「皆得鮮澤」。

普度眾生

　　《妙法蓮華經 序品第一》：「爾時，佛放眉間白毫相光，照東方萬八千世界，靡不周遍，下至阿鼻地獄，上至阿

迦尼吒天。」慈善賑災類的建築包括大愛屋類、希望工程類、敬老院類、醫病類、簡易寺院類。大愛屋類建築又分為永久屋、組合屋、簡易屋；希望工程類建築又分為學校類及簡易教室類。所有這些慈善賑災類建築都是為了救拔苦難眾生，幫助他們居住、就學、病苦等問題。賑災的學校——希望工程類建築，涵蓋了 16 個國家地區、182 所。賑災的住宅——大愛屋類建築，涵蓋了 14 個國家地區、18153 戶。不僅只在臺灣、或中國、或亞洲。援助的原因只有一個，就是因緣。聞聲救苦，只要腳走得到，慈濟都會伸出援手，不分親疏、不分種族、沒有喜好、沒有分別，每個人都度。

人間佛教之二

「慈濟宗門入群眾，無量法門在人間」。「佛法生活化、菩薩人間化」。臺灣，在慈濟基金會有立案的「環保教育站」有 323 點，未立案的「環保回收點」有 5314 點。另外在其他 16 個國家地區還有 1560 個「環保教育站 / 點」。這些宛如人體微血管微細而為數眾多的「環保教育站 / 點」建築，雖然絕大部分都屬於 B 類非新建的建築，但卻與靜思堂建築一樣遍布而深入社區的。《增壹阿含經》：「諸佛皆出人間，終不在天上成佛也。」修

行終究要走入人群，佛教終究要深入人間。與靜思堂類建築一樣，「環保教育站/點」建築也同時透露了慈濟建築對「人間佛教」思想的回應。

一日不作，一日不食

從靜思精舍歷次增建及主堂施工過程中，常住師父們投入施工參與綁鐵等工作。從歷次增建中總要興建木屋加工區、鐵皮屋作業區、及新近啟用的協力工廠，做為出家師父們製作香積飯、五穀粉、薏仁粉、蠟燭等等的空間。從各靜思堂建築裏都會留設「靜思書軒」空間做為文物的流通處。以及，從靜思精舍裏相關的用度及建築經費來源皆由「功德會」支出，而與「基金會」無關。慈濟建築清楚的顯明了唐朝百丈懷海禪師：「一日不作，一日不食」自力更生的叢林思想。而這規矩，在慈濟是被精舍出家師父們如此依循著。從 1966 年慈濟成立之前，乃至於今。

■ 臺北東區聯絡處的靜思書軒。靜思書軒所售的靜思產品,有來自花蓮靜思精舍協力工廠(下圖),是精舍自給自足的來源。　　(上/董健男攝;下/卓冠伶攝)

從時間透露

慈悲、大愛

慈濟建築，有為苦難眾生「即時除苦」的慈善賑災類建築，有為「布善種」的社區道場類，有為「除身苦」的醫療志業體類，有為「除心苦」的教育志業體類，有為「除靈苦」的人文志業體類等多種類別的建築。這些建築，遍布全球 50 個國家地區。這些建築，拔苦或布善種的物件「無緣大慈、同體大悲」，沒有任何種族、信仰、國籍的分別，而是「大愛無國界」。「菩薩所緣，緣苦眾生」，只要眾生有需要，慈濟人就會努力「聞聲救苦」。

如何能夠做到這樣？

在商言商，資本主義，利益掛帥。一個國家，為了解決國民居住或教育問題，可能在國內普設住房或學校；建設公司，為了追求營建最大利益，可能到海外大興土木；大企業，為了追求利潤擴大版圖，可能遍布全球。但，可能到衣索比亞，蓋醫療站？到辛巴威，設聯絡處？在南非，長期經營、蓋學校？至震後滿目瘡痍的海地，

蓋教會學校？至颱風後棄屍到處的菲律賓獨魯萬，蓋教堂？至位居亞洲貧窮國家之首的世界屋脊尼泊爾，蓋1800戶的住房？

慈濟所興建的建築，顯然不是為了營利。追源溯頭，只有回到一件事的動機、回到一個人的心念。

老實修行，每天如此

接近2014年的歲末（12月28日），筆者在花蓮靜思精舍的主堂參加了志工早會，這是法師平日的例行工作。那天談到的是，發生才不過幾天，卻已造成水淹馬來西亞八個州、超過16萬人受災的大水患。「馬來西亞發生三十年來最嚴重的水患，大馬的慈濟志工總動員，除了災區的志工率先前往關懷、發放熱食，檳城、吉隆坡等地的志工也準備好物資，分批到重災區吉蘭丹州、彭亨州賑災」。而前一天（27號）法師也才與當地志工利用網路連線討論災情及賑災方式。那天談到的還有志工早會前幾分鐘才傳進來的訊息——「亞航空難」。

菲律賓海燕颱風剛滿周年餘，慈濟志工的賑災進行到中長期階段。馬航空難慈濟人的陪伴言猶在耳，才告一個段落。在主堂現場、參與慈濟志工行列也有一段的我，突然有一種很深的觸動：自己的生活！每天86400秒，

是如何度過？每天關心的，是什麼？馬來西亞那麼遠，
菲律賓那麼熱，亞航裏的乘客也沒有我的親戚朋友，這
些災難，與我何干？或，與你何干？

但，這些在地球上的四大不調，大地之母的受毀傷，
竟然都與慈濟花蓮本會相關、都與證嚴法師息息相關。
花蓮「慈濟本會」儼然成為「全球災害即時通報中心」，
而且是「馬上辦中心」。通報的不是股票剛剛漲多少？
或期貨前一分鐘跌多少？即刻採取的行動更不是迅雷不
及掩耳的作戰攻擊。

人的心念，竟然能有如此這般大的差別。

宗教家「日日、無時無刻」的「大愛之心、慈悲為懷」，
是慈濟建築的起心。

力行菩薩道

有了「慈悲為懷」而無「濟世救人」，那顯然可惜了
這分愛心，這分愛也不夠大、不夠踏實。所以必須力行，
要行菩薩道。

成就這分愛的行動，只靠一個人不夠，必須一生無量，
和諧合作才有可能達成。時間可以成就一切，惡的、善
的，做壞事、或幫助更多人。

一念之間。2012 年 6 月啟用的萬華靜思堂，改建以

前就是賭場。這都需要力行、需要時間。

「能長久不衰、不斷付出的，就是大愛。」將近 50 年的歲月足跡，慈濟興建的每棟建築，不論那種類型、不論於地球那個角落，正是在這樣愛的行動中，蓋了起來。

小結

宗教學家與宗教家並不相同。宗教學家是宗教的研究者，宗教家是宗教的實踐者。

證嚴法師是位宗教家，負責啟發每位慈濟人心中的自性及其宗教性格。

■ 萬華靜思堂，改建前是賭場。因為慈濟人成就愛的行動，行菩薩道，經由力行及時間，改變了原本環境。　　*(攝影/簡榮宗)*

慈濟，其實是一個龐大的教育體系，提供給每個有心人學習的環境與教室。教室裏的每位學生（慈濟人、修行者）學習的內容不會只有理論課程、也不是只有實務操作課程。每一種類別的慈濟建築，就是這一教育體系的教室。

　　學習的方式，是自律而非依賴外神的、是面向自己而不拜權威的。從種種的事相、種種的具體當中，啟發內部、心靈的力量，敏銳、豐富自己的精神。

　　借著具體的佛像，找到每個人心靈的佛像。借著具體的建築，透露那份宗教思想。

註釋

①硬山、懸山、歇山、廡殿為中國古建築屋頂最基本的四種形式。

②十法界，是佛教術語，指地獄法界、餓鬼法界、畜生法界、阿修羅法界、人法界、天法界、聲聞法界、緣覺法界、菩薩法界和佛法界。前六項稱為六凡，後四項稱為四聖，合稱為六凡四聖十法界。

③和合的意義：佛陀為了僧團的和樂無諍、平等一如，制定六項規則讓佛門僧團恪守。六和敬：身和同住、口和無諍、意相同悅、戒和同修、見和同解、利和同均。

④2014 年 10 月 27 日 5 時 20 分的前幾分鐘。用難以形容的筆墨寫下：

一天之初，聽到、口說的第一個字，是「南無」。　真是美好！

拜經到「韋陀大護法」，又兩。　常常，似乎，在第八、九。

室外聆聽上人說法，神怡、心曠、幸福、滿足！

坐在主堂室外第一行的位置（早上第三排，昨天第四排，之前前第一排），將拜完經即靜坐，晨語前，禮佛，上人慢、慢、慢、優、雅，90 度，90 度，背脊水準，與地面平行，三拜。

深深攝受了！　我。

走路，也一樣，慢、慢，之優雅，停、轉、慢、慢、走、停、轉。

整個過程，是一個莊嚴、隆重、謹慎、恭敬的儀式。

光如此，就夠我……！

弟子們下簾、掩門，護送、上幕，靜坐中，看著上人準備一天之始，像剪影，單純。　哇！畫面最美。

那似乎是獨享！

最莊嚴攝受的禮佛，還有導師。從影像。

言語、不需。心領、神會。

實相！

從慈濟建築
看宗教對建築的影響

慈濟建築設計的過程，是一種修行，是修行的過程，不斷考慮、不斷嘗試、不斷試煉，整合的不僅僅是相關的顧問、還有「眾緣的合和」。設計的過程，需要用心、需「要有自己」的創意，因為這是設計；設計的過程，其實是在練習「沒有自己」，因為要成就的是道場、清淨的道場。

15

建築

建築的原始本質

法國學者隆吉 (Marc-Antoine Laugier) 以一段野人尋求遮蔽物的軼事來陳述建築的本質。他稱此遮蔽物為「基本屋舍」(Primitivehut):「野人要為自己造一個居所,用來保護他自己;非埋葬自己。森林中掉落的樹枝,對他的目的而言是正確的材料。他挑了四根最粗壯的樹枝,立起來,圍成一個正方形;並在上頭放了另外四根樹枝;在這些樹枝上面,叉起兩排相對的樹枝,讓它們相互傾斜,且在最高點交叉;接著他在這傾斜的樹枝上緊密的覆上樹葉,使太陽的光和雨天的雨都滲漏不進去,因此,野人有了房子可住。」

希臘哲學家亞里斯多德稱之為:人類「抵抗風雨的遮蔽物」。

建築物的三項要素

《建築十書》是現存最早以建築為主題的文字作品。西元一世紀,羅馬建築家維特魯威,在裏面談到良好建築物的三種要素是:堅固(firmitas)、實用(utilitas)、

悅目（vcnustas）。基本上說明了建築物在發揮它的「結構」（structure）與「機能」（function），以滿足人類「抵抗風雨」的根本目的之後，也存在了人類對於建築物「美學」（aestheties）或「造型」（form）的欣賞。

建築的定義

建築，通常指對那些為人類活動提供空間的；或說擁有內部空間的構造物進行規劃、設計、施工而後使用的行為過程之全體或一部分。「建築」，除了指具體的構造物，也著重指創造建造物的行為（過程、技術）等。通常在表示具體建造物時可使用「建築物」的稱呼，漢語中兩者常被混同使用。另一方面，建築經常被人們認為是一種文化符號，或當成是一種藝術作品，歷史上許多重要的文明都有其獨特的代表性建築。〔8〕

定義，延伸了建築；延伸「造型」成為一種「文化符號」、「藝術作品」；延伸了「過程」也是「建築」的一部分。

慈濟建築

慈濟建築，包含五大類。以將近 50 年時間，在全球新建的 A 類建築，概略的來說資料如後（至 2013 年底）：

一、慈善賑災類，大愛屋（永久及組合）18153 戶、學校 182 所（簡易教室 617 間）、敬老院 158 間、醫院 2 間、簡易寺院 13 間。二、醫療志業體類 6 家醫院。三、教育志業體類 5 所學校。四、人文志業體類 1 棟。五、社區道場志工類 30 餘座靜思堂。

並持續增加中，如 2014 年菲律賓新建 2700 間大愛簡易屋。

慈濟，延伸了建築；延伸了宗教對建築的看法。因為宗教，因為佛教的「真空妙有」、「因緣果報」、「緣起性空」。

影響來源

一般說來，宗教對建築的影響，通常是基於業主具有宗教信仰、或業主是宗教團體，當然也可能設計者具有宗教信仰，或施工者具有宗教信仰。在慈濟建築裏，宗教對建築的影響，事實上三種面向都有。當然，這都基於業主是宗教團體、是佛教團體，而這自然也是最主要而關鍵的影響力。

影響力

　　慈濟一路走來 50 年，建築區域也涵蓋 5 大州。由於
這個時間及空間因素，慈濟建築的設計者自是多有更
迭，不論營建處本身的設計者或外聘的建築師，設計的
依循，除了依照證嚴法師作為宗教家的大方向慈示及小
細節的重視，大部分自然還是依照日積月累摸索出來的
經驗，摸索著慈濟的建築習慣，摸索著宗教對建築的影
響。設計者固然有自己的創意，但大部分當然還是要依
照業主的指示。在這當中，其實宗教已不僅僅影響建築，
也影響了設計建築的設計者或建築師。

　　施工者的狀況，其實也類似設計者。

　　宗教觀、宗教情操、宗教精神不僅影響建築，也影響
了關鍵，影響建築的三方，即設計者、施工者及使用者。
而設計者，包括建築師、慈濟營建處的設計部門、志工；
施工者，包括營造廠、慈濟營建處的監造品管部門、志
工；使用者，包括慈濟各志業體同仁、志工、災民。宗
教，影響建築，也影響了關鍵，影響建築三方的人與心，
至少在慈濟是如此。

　　宗教的影響性，基本上都是對生命具有啟發性、超越、

超脫、正向、向善、向上提升、具理想性，且對生活具有教育意義、教化作用、值得學習、相關修行的。

　　宗教對建築的影響除了在機能、結構、造型方面，也在建築過程，乃至更深層的人與心。慈濟建築也不例外。

宗教對建築「機能」的影響

　　「機能」是建築的需要條件。在此包括建築物的功能、坪數、設備、家具，乃至社區的配套機能、乃至建築的根本目的。

感同身受──大愛屋

　　就慈善類建築而言，是把災民的需求擺第一，所以「機能」是「非常的因地制宜」、是深具「地方特色」。宗教對建築的影響，表面上看來其實「並不宗教」；然而內涵卻是很深的宗教情懷。列舉數例：

　　喜馬拉雅山上，被列為世界十大貧窮國之一的尼泊爾，1993 年夏天連續豪雨，造成境內三條大河氾濫，慈濟人陸續為災民興建大愛屋，每戶 11 坪，格局包括

臥室、客廳、廚房各一，另有庭院供種植或豢養家畜。建材則為就地取材的磚造建房，施工者為當地廠商。

1999 年 921 集集地震，慈濟第一次面對臺灣本身的世紀大災難，面對的儘管是無親無故，卻是受苦的眾生。災民無家可歸，搭帳篷不像一個家，宗教家不僅「無緣大慈」慈悲心急，救人更切，深切悲心化為行動，興建每戶 12 坪、取代帳篷、過度性、組合方式、當下可最快速完成的大愛屋，終於在災後 100 天內，陸續完成1743 戶，讓災民生活很快回歸正軌。迅速除苦。

法師回憶：921 地震時，有一段不算短的時間，差不多是 10 天以上，人家問我：「師父，你看了之後是不是很心痛？」我回答：「我已經沒有心好痛了，我的心都碎了！」心到底在哪裏痛，我說不出來，但卻有個很清楚的念頭，就是「趕快去做就對了」。當年阪神大地震時，日本政府是給災民 8 坪大的房子、公用的衛浴設備，但以臺灣的生活習慣，應該不可能像日本人那樣的衛浴共用，因為那是他們的生活習慣。很感恩政府後來也能瞭解，採用 12 坪作設計。所以現在災區的組合屋，一律都是 12 坪的設計，讓我覺得很安慰。〔18〕

2008 年莫拉克颱風當時蓋的大愛屋，基於原居住習慣及永久性的考慮，每戶的建築坪數較大，有 35 坪 4 房、

31 坪 3 房、及簡單家庭的 17 坪等三種形式供災民選擇，一樓並設孝親房。不採大樓或公寓，而採 2 樓雙併低樓建築，每戶有前院供種菜，後院供洗曬衣服，這是為了蓋原住民熟悉的「家」。多開窗，也讓原本喜愛自然的原住民更舒適接近大自然。社區營造同樣以尊重為出發點，考慮不同族群文化、部落原有信仰、社群關係，並依此建立公共空間。也按各族傳統建立宗教信仰中心，如建築耆老中心及教堂兩座。

2002 年印尼，因緣雅加達市紅溪河水患，慈濟先後在紅溪河沿岸興建集合住宅式的大愛永久屋。原來居住的地方，是河上竹搭的貧民窟，生活用水及排泄物皆來回於紅溪河；後來搬遷入住的大愛屋，有衛浴、餐廳、廚房。雅加達市的大愛永久屋完工後，成為當地高級公寓。

因為海燕颱風重創菲律賓，2014 年在獨魯萬等重災地區興建 2700 戶大愛簡易屋，目的是取代當地——連鋅板屋頂皮都取得困難、煮食只用三塊石頭就地取火，更不用說有牆壁或衛生設備，卻稱為房子的生活環境。屋子的「機能」有 6 坪 2 房及 8 坪 3 房二種，皆有客廳、衛生設備及半戶外廚房，但無浴室、也無沙發或彈簧床。特別重視通風，材料是 PP 板的單一材，易於回收再利用。是針對當地酷熱的熱帶環境及經濟條件而提供。

遠在臺灣的 3000 公里之外，因緣於貴州、甘肅自
2000 年開始的長期扶困，慈濟人來來回回。早期，為
鄉親蓋水窖，解決一輩子只洗兩次澡，代代難以想像的
極度缺水的窘境；之後，年年仍然雨乏，改用引水及遷
村方式。如 2011 年在靖遠縣劉川鄉來窯啟用的慈濟大
愛村，由於嚴寒，除牆壁數倍厚於臺灣，屋子的「機能」
是房間、餐廳、廚房共於一空間並設計炕及爐灶保暖，
另外也設置家畜眷養、門前大院、衛生間獨立等空間。
社區的相關配套應當地需求，連外形及材料也是當地特
有的單斜屋頂及灰磚。完完全全依據當地習俗、生活習
慣、嚴寒氣候而設置。除社區入口處的慈濟大愛村牌樓，
一點沒有宗教或慈濟的影子，然而，因為用心、用愛，
當地人清楚知道這是慈濟的作為。整個社區水準一樣超
越當地。

南亞大海嘯，2005 年馳援斯里蘭卡漢班托塔興建的大
愛屋每戶 17.5 坪。

大愛屋的興建，是伴隨慈濟每次救災行動的中、長期
計畫。時間、地點、對象、災害。時間，人生無常，隨
時災害可能發生。地點，上山下海、真正天涯海角，只
要聞聲。對象，不問膚色、不問國籍，只要眾生有苦難。
災害，一次比一次大，而且還是「複合式」。每一次的

救災，每一次的考驗不同，大愛屋的興建也不同，每一次都是第一次，如何深刻的瞭解災民的需要？如何貼心、提供給災民真正的幫助，並且適當的提升災民的生活品質，教育民眾，也啟發他們心中助人的心與心中的愛。其實，並不僅僅是依靠聰明，或建築師的設計而已。

除了興建房屋提供建築的「機能」，慈濟也考慮社區的必備「機能」，如社區道路、學校、集會堂、醫療中心等等。對於工、料，只要品質能達到要求，建材就地取材，施工工人用當地廠商或「以工代賑」。此舉，也能帶動當地災後的商機，讓災區早日恢復生機。建築業，還真是火車頭工業。最後，入住時，還為災民準備各項家用必備的「入厝禮」，以完整其生活「機能」。整個的思考是貼心、完整而圓滿，而這是需要一群人集體去完成的。

如果這是一般行善團體為災民蓋的房子，似乎不致於「當作自己的家」來設計，或秉持「人饑己饑、人溺己溺」精神，深刻、長遠、周全、完全貼心的為災民。如果這只是建設公司追求利益的商品房，施作者應該不會「聞聲」就上山下海「救苦」，且「付出、無所求、還要感恩」，像《金剛經》裏的「三輪體空、無相布施」。

宗教家「苦民所苦」自然要有慈悲心，更深一層的是

宗教家的「悲智雙運」。慈悲要有方法，助人要用智慧，佛教簡單的「慈、悲、喜、捨」4個字，慈濟如何活用？災難發生，要如何救人？救一個或兩個？救短期或長期？救一個人，幾個人就可以辦到；要救很多人，那需要很多人。救短期，告訴你有困難，我幫助你，困難解決，簡單；若想救長期，就要考慮安頓他的生活，要為他規劃、為他考慮這輩子。還有，讓他下一代的生活，也安定。

實際、入世、深入人間苦難，「佛法生活化，菩薩人間化」，這是真正的佛教。佛法是這麼的生活化，「苦、集、滅、道」，菩薩若沒有人間化，或者人間若沒有菩薩、沒有做好事的人，所集的這些苦如何滅？

「大愛屋」具體了宗教精神。宗教深刻的影響著建築。透過慈濟。「大愛包容地球村」。其實，每個人都可以，把自己的小愛擴成大愛。愛不分空間，愛需要時間、愛需要付出，愛需要每個人都付出，才足以大。

「聞聲救苦」、「感同身受」、「悲智雙運」、「佛法生活化，菩薩人間化」，一句句耳熟能詳的「口號」，不僅僅是筆鋒上的文字、不僅僅是嘴巴說說而已！或者，不僅僅靠建築師設計或任何人規劃、或認真思考就可以成就！

■ 水患促成尼泊爾寶拉衣慈濟村建立（上圖）。地震成就土耳其歌覺市慈濟大愛村建成（下圖）。因地制宜的大愛屋，以災民需求為考量。*（上／黃錦益攝；下／顏霖沼攝）*

■ 因地制宜，不宗教，不慈濟。慈濟援建泰國清萊府密撒拉慈濟村（上圖）。與法國關懷基金會 (CARE) 合作援建印度達達慈濟村（下圖）。　　　*(攝影／顏霖沼)*

訓練菩薩──靜思堂

「苦、集、滅、道」，人世間的苦，越集越多，宗教家不忍。宗教的慈悲就是要想出辦法來滅苦、除苦。因為苦實在太多，救也救不完，一個人也做不來。所以，要找很多的人來，要訓練很多很多的人都成為菩薩。要想辦法啟發每個人心中的大愛。

靜思堂，是社區道場類的建築，是「菩薩訓練場」，他主要的「機能」就是訓練菩薩、培訓志工。所有的空間其實都是為了「訓練」與「學習」。既有實務，也有理論，理論在內、實務在外。回字形的平面機能滿足了佛教的「內修外行」，回字形的平面也象徵了「內修」，是每個人向自己的內心求，「外行」是走入人群向需要的人付出愛。

內修是修行。內修的場所就是講堂，就是舞臺。透過講堂，瞭解佛法，學習 2500 年前的典範。透過舞臺，彼此分享，學習當下值得學習的對象或以之警惕的。說得更白一點，其實是學習講經堂正前方的宇宙大覺者及他所帶領的僧團，其實是學習舞臺上分享者或演繹者的「心情故事」，在「外行」菩薩道之後。

「內修」的空間，用來「靜思法脈」，需要安靜、清淨，所以講堂、舞臺自然在回字的內圍。心行合一的繞佛，

是與會共修者一同進行，也需要在此寧靜的空間進行，所以講堂的坐席自然不宜設階梯。整個空間需要溫馨、溫暖、陽光，所以色彩始終唯二的白色系及木紋系。也回應了這一「機能」。

外修是行善。外修真正的場所自然是在社區、在人群、在苦難之處。「經者，道也；道者，路也。」道場，是為了要「知道」、是「訓練的場所」，自然要有練習、溝通、呈現的空間。所以回字的周邊是教室、辦公室、會議室、知客室（志工櫃檯）、展示、環保站等，做為訓練所必須的空間。

■ 靜思堂，是社區道場類建築，是「菩薩訓練場」，其主要「機能」就在訓練菩薩、培訓志工。 *（攝影／林昭雄）*

包含「四大八印」的作為、年度例行的活動。在慈濟世界裏，每個活動的設計，其實都如此的進行者。透過每一棟這樣的建築所提供的「機能」，不斷不斷地培訓志工、訓練菩薩，讓「菩薩人間化」得以實現，讓「人間佛教」得以具體。宗教的「機能」主宰了這棟建築的平面架構、主宰了這棟建築。

除此，「佛法生活化」，修行必須落實生活才是真修行。靜思堂的廁所入口，設計成迷道，是為服儀整齊後再出來的禮貌。廚房空間的儘量縮小，是飲食簡單不需美食，慧命比生命重要的宗教思考。男眾廁所在東班且數量少、女眾廁所在西班且數量多，則是現實考慮宗教信仰者的女眾多於男眾，以及配合佛教行儀的座位默契設計。大門設計正中且常開，是鼓勵大家走正門、行中道，不旁門左道，要行「八正道」。書軒空間設置，自然是為了請法、為上求佛道的方便。講堂的座椅設計是特別為了禮佛。挑柴運水無不是禪，舉手投足無不是修行，宗教對建築的影響，無不在生活「機能」的空間中。

消滅苦難──醫院、學校、人文大樓

宗教對建築「機能」的影響，從建築的原始目的及其理想性來看，更為深明。

興建大愛屋的目的是為了除苦，慈濟蓋醫院的目的也是為了除苦。大愛屋是為了解決因無常變故致使災民無家歸的苦。生、老、病、死屬人生必經，醫院則是為了解除每人都會遇到的病苦。法師累積十餘年救貧的經驗，發現「疾病，是痛苦的根源，貧窮的由來」，很多家庭是因病而貧，救濟工作只能治標。「防貧止病」才是根本之道，於是蓋了「守護生命磐石」的醫療類之醫院建築。

　　80 年代花蓮地處臺灣邊陲，醫護人才多躊躇不肯東來。另外，當時臺灣雖已經有一百多所大專院校，教育不可謂不普遍，從整個社會資源來看，慈濟似乎不需要再花這麼大的力量，投入醫學的教育工作。然而，臺灣教育風氣過於偏重學業成績，學校並沒有針對學生的品德嚴格要求，缺乏人倫的素養，造成許多社會問題。為了培育優秀且慈懷柔腸、聞聲救苦的現代護理人才，以及醫術精湛、視病如親的良醫，也為了東部地區原住民少女就學就業的問題，於是法師毅然興辦醫學教育（1989 年慈濟護專啟用）。之後，完成幼稚園、小學、中學、大學、研究所之全程、全面、全人的「完全化教育」。慈濟教育志業辦學的共同理想和目標，是以「慈悲喜捨」為校訓，以「尊重生命、肯定人性」為宗旨；以「品德

教育、生活教育、全人教育」為目標。

　「在我有限的生命裏，想要度化廣大眾生，實在非常困難，如果能結合群體力量，運用當代發達的科技，就能真正在二十億佛國，現廣長舌相。」《華嚴經》「造立塔廟種種莊嚴，令諸眾生種植善根，皆悉能知。」法師眼見，現今社會病態叢生，媒體報導雖多元卻失序，導致文化失去品質標準。如年輕人視染髮、穿鼻洞、舌洞為潮流時尚，乃至衣著不整等，盲目追隨，喪失個人應有的自尊和品格。因此，期許人文志業的媒體傳播，要「為心靈淨化作活水、為祥和社會作砥柱、為聞聲救苦作耳目、為癲狂慌亂作正念」，以彰顯人與人間關懷互助的大愛情操，並昇華尊重生命、肯定人性的信仰理念。而，這正是慈濟興建人文志業中心大樓做為媒體傳播的中心的目的。

　坊間建築類別花樣繁多，建築目的各有居心，或為利、或為益、或為名。慈濟蓋醫院是為了救身，蓋學校是為了救心，蓋人文傳播大樓則是為了更廣泛的救人的身、心、靈，這是慈濟興建各類建築的主要目的。各類建築的目的與目標，響應了宗教本身所應具有的崇高性與向上提升的教化作用，也顯示出宗教對建築「機能」使用上的根本影響。

■ 宗教對於建築影響，反映其救身、救心、救靈等機能，如守護生命的大林慈濟醫院（上圖）。亦見於建築形制延伸，如與人文志業大樓近似的慈濟大學教育傳播學院（下圖）。 *（上／黃錦益攝；下／戴龍泉攝）*

宗教對建築「結構」的影響

「結構」是建築的限制條件。在此指結構形式、材料及建築材料。

無常觀── S.R.C.

一般說來，建築「結構」對業主來說是比較陌生而多交給專業，因此業主的影響性就較小，而當業主是宗教團體時自然也一樣；然而，慈濟比較特別。一來慈濟歷年來所興建的建築數量實在頗多，同時慈濟世界裏，不論營建處或志工也都是人才濟濟。二來源於佛教的「無常觀」，面對人生的無常、生命危在旦夕，法師不捨，希望用更堅強的結構來面對災難的日愈嚴重。因此，宗教對建築「結構」的影響，就慈濟建築而言，其實很大。

尤其 921 大地震之後，為了安全因素，幾乎所有慈濟興建的永久建築，不論樓層高低，結構體都是鋼骨鋼筋混凝土（S.R.C.）或鋼構（S.S.），而極少有鋼筋混凝土（R.C.）。這是法師的堅持，儘管 S.R.C. 或 S.S. 的造價昂貴，儘管臺灣建築業界仍然以 R .C. 為建築結構體的主要材料。「我們不能只考慮眼前，而要將眼光放在長遠的未

來。佛陀所預言的壞劫①〔7〕09秋時期，氣候不斷變化，大地、山體也會不斷地變異，未來若有災難，學校要能夠容納災民，醫院要搶救生命，所以，學校與醫院的建築必須很牢固。之所以堅持慈濟的建設一定要建得很穩固，就是基於如此簡單的理念。」

慈悲觀——連鎖磚

921之後，宗教家的另一個堅持，就是要「讓土地呼吸」。「『土地會呼吸』，大家以為是形而上的哲學，其實是平實的『物理』——地球萬物都有一定的道理存在。記得有天清晨，在靜思精舍靜坐時，感到大地在呼吸，聲音很明朗，頓時覺得地球是活的，地表有毛孔、也會呼吸，就如皮膚；人的皮膚一旦受傷、毛孔受阻，汗水無法排出，體內熱氣就會悶住、生病。目前，都市中的大地毛孔，都被水泥與柏油掩蓋封閉，熱氣散不去，當然會愈來愈熱。因此，提倡鋪連鎖磚，讓土地能呼吸，人也好走路；下雨時，雨水能直接滲透，回歸大地，以此呵護、恢復大地健康，讓水源不斷。」

透水鋪面的使用是綠建築9大指標之一，也是建築的環保觀念。法師所言「土地會呼吸」雖是平實的「物理」，然而對這一「物理」道理能在清晨時真實體驗有

所感，而且，回應成「大地如人膚」，卻需要具有敏銳的體察及清淨的身心才可能。而這，可能更源於宗教的「慈悲觀」。慈悲的對象，不只人、不只有生命的眾生，還有無生命的大地。就像「大地之母」的佛像，因為不忍地球受毀傷，因為地球只有一個。「走路要輕」因為「怕地會痛」。

S.R.C.、S.S. 的結構及連鎖磚的建材，普遍、廣泛、無所不在的，在慈濟的每棟建築及每個建築基地裏都被廣泛使用。「無常觀」影響了 S.R.C.、S.S. 的使用，「慈悲觀」影響了透水連鎖磚的使用。宗教觀影響了建築的「結構」。

寬廣、深厚、覺、察

正向、向上提升，宗教的觀念其實與我們學建築的觀念相雷同，只是宗教觀更為深邃、更為廣闊。

全球暖化，建築也必須趨向環保，所以我們要檢討綠建築 9 大指標的法規，要推動智慧綠建築，要提倡可持續建築。建築談的是建築物、建築空間、建築基地、街廓，也關心都市、國土的範疇。有沒有廣泛到地球？

宗教當然在乎建築，否則慈濟不會蓋那麼多建築。宗教所關心的則是從「我」，從一個人的心念，從「同體

■ 臺北慈濟醫院鋪設連鎖磚。「讓土地呼吸」的透水連鎖磚，是慈濟建築的一大特色。　　　　　　　　　　　　　　　　*（攝影／王賢煌）*

大悲」的慈悲心出發，而廣闊深邃的去「大愛」，向自己以外，不斷、不斷推展至所有人類，推展至所有有生命的眾生，也推展至所有無生命的地球一切，推展至銀河系、宇宙，推展至「心包太虛②、量周沙界」。否則，慈濟建築裏面，每一座靜思堂，就不需要有膚慰「地球」的「『宇宙』『大覺者』」佛像，放在整座建築中最重要的精神空間中。宗教對建築「結構」的影響，也就不僅僅止於建築。

　宗教、建築，觀念雷同，因為同樣源自「人心」；宗教，遠遠比建築更廣闊、更深邃，因為根本的見解不同。也

因此，宗教對建築「結構」的影響，也就如此堅定而深厚，自 921 至今未改變。

慈濟不只建築環保，「四大八印」裏也有「環境保護」，不斷地彎腰撿垃圾、做資源回收，包括碩士、博士、包括不識字的老太太、老先生，慈濟建築的被宗教影響也就不只在建築，而更為寬廣。

文字，表面上不同，其實內涵相同，譬如「慈悲」與「大愛」；文字，表面一樣，其實內涵不同，譬如「慈悲」的廣度在此更廣，不只人、不只有情，包含無生命的大地，譬如「慈悲」的深度在此更深，必須「『清淨心』的『覺、察』」才能得知。

宗教對建築「造型」的影響

「造型」是建築的藝術條件。在此指建築的外觀——群體、單一、部分。

在慈濟建築裏，並沒有特別興建佛教傳統供僧伽居住、修行的佛寺，或更早期的窣堵波 (stupa)③。慈濟唯一有僧團的地方，就只有花蓮的「靜思精舍」。

因此，慈濟建築的「造型」就比較沒有傳統佛教建築上所必須的依循，反而更能「順應現代」、「配合機能」、同時有更多屬於慈濟建築所特有的「圖騰」或「建築語彙」，讓人很容易辨識，一看即知「這是慈濟蓋的」。這是慈濟建築「造型」被宗教影響的「本能反應」。

慈濟建築「造型」的被宗教影響，主要在於他自然流露出的「平易近人」及「特有卻融入」。

無我——平易近人

宗教，有尊崇、崇高性的面向；也有其易於接近的階梯——為了接引、教化眾生。佛教一樣，欲為世人所接受，自然有其「雅俗」的平臺，讓眾生接近。父母皆愛子，子也喜歡接近父母，但慈母總是較嚴父平易近人。

若被慈濟建築「造型」感動或攝受，似乎不在它的雄壯威武、或富麗堂皇，而是他的「平易近人」。

　慈濟建築的「造型」受宗教影響而自然流露出如「大地之母」「慈悲為懷」的「平易近人」主要在於：1.整體建築物退後、背景、低調、「無我」的灰色調，令人容易接納。2.千篇一律的洗石子外牆是熟悉、是平易、也有一些回憶；只有早期的花蓮慈濟醫院、慈濟大學行政大樓使用白色丁掛磚，及花蓮靜思堂使用石材。3.斜屋頂、屋脊的曲線和屋簷，軟化了方盒子的天際線。4.屋瓦用的是一般瓦，而不是宮殿式的琉璃筒瓦，平民化易親近。5.建築的高度，比較多的，是 3 樓以下人性尺度的建築。必須高樓的，則多為功能上的需求，如人文志業大樓，或偶有雄偉之感，則是建築師意外的創意。6.即便都市建築的高樓，因為人字外玄關空間的設置或刻意的退縮，如臺中慈濟醫院主樓，自然減少了高樓的壓迫感，而顯得較平易近人。7.陽臺過渡空間的設置、欄杆的透空性、多開窗的虛體，軟化了現代高樓大廈鋒利的立面。更有層次。8.商業辦公建築，無所不用的高建蔽率、高容積率塞滿基地，即便有多陽臺、多開窗仍掩飾不了霸氣的炫富；相對於建築存在基地，基地多保留空地，空地留給樹木，樹木柔軟建築的慈濟建築有天壤之

別。9. 內裝顏色，沒有華麗，不用眼化撩亂看得辛苦。單純、平易、近人。10. 花蓮靜思堂的屋簷訴說者飛天的故事、大門訴說者證嚴法師的本生故事。「說故事」是佛陀講經說法常用的方式，因為大人愛聽，小孩更愛聽。會「說故事」的建築，近人情、也平易近人。

平易近人、慈悲為懷、信任。平易近人，因為慈悲為懷，自然人家信任。

「藍天白雲」的慈濟志工出現在災難現場，是「慈悲的在場」，同時有更多的信任，之於災民，是如此這般的「平易近人」；「灰瓦灰牆」的慈濟建築矗立在娑婆世界的每個角落，似乎也起了這個作用。這是宗教精神對慈濟建築「造型」的自然影響。

無爭——特有、融入

慈濟建築的「造型」是「特有卻融入」的，特有於過去佛教建築多半呈現中國宮殿的美，特有於現代坊間建築的爭奇鬥豔、引人注意，卻融入周圍環境、融入大地。

宛如僧袍的外牆。屋頂造型的「人本」及「合和」。「三寶」崇於建築之頂的屋脊。四柱的「內修外行」。慈濟建築的外觀「制服」一律灰色、洗石子，與現代坊間建築的「便服」顏色各色，材質多為磁磚、花崗石、玻璃

■ 花蓮靜思堂屋脊與屋簷有現代「飛天」浮雕（上圖），採不同人種、性別、年齡及各國服飾造型，別具特色（下圖）。　　　　　　（上／周幸弘攝；下／林宜龍攝）

帷幕相比，顯得非常特有，而「脫俗」。就像大學校園裏的學生，穿制服的慈濟大學，與其他不穿制服的大學，明顯有別。

雖然特有，因為灰色系的「無我」平易近人，也自然融入整個背景「無爭」。主堂的興建，更凸顯了這一融入而「無爭」的特質。不特別說明，乍看之下，也許還不知主堂與大殿的興建相距40餘年。主堂，「主」卻「無我」也「無爭」。

寺，原是中國漢代官署名稱。慈濟建築名稱，沒有過去的寺、院；只有精舍、堂，或功能性導向的醫院、學校。

從建築配置感受整體「造型」。中國佛教建築，初期受印度影響的同時，很快就開始中國化的過程。從北魏開始，隋唐前的佛寺多在寺前或宅院中心造窣堵波。塔中有舍利，為佛寺主體。窣堵波是覆缽形狀。隋唐後，造巨像成風，佛殿代替佛塔，形成以大雄寶殿為中心的佛寺結構，主要殿堂依次分布在中軸線上。宋代，禪宗興盛，形成「伽藍七堂」④。明清，中軸線上由南向北依次分布山門殿、天王殿、大雄寶殿、法堂、藏經樓、毗盧閣、觀音殿。大雄寶殿是佛寺的主體建築，東西兩側的配殿為鐘樓與鼓樓，伽藍殿與祖師堂，觀音殿與藥師殿相對應，至此，佛寺建築格局成定式，軸線，官署

形式，層次分明，布局嚴謹。

　民國，臺灣，慈濟建築的「造型」特有於過去的中國佛教建築。沒有覆缽形狀的塔；只有六和敬的合字形入口門廳。幾乎慈濟Ａ類新的、Ｂ類修的，5 類中的每類、每棟建築，都有。沒有強烈的中軸、官式嚴謹的布局；只有隨需要而「有機生長」的建築，像靜思精舍的始終擴建。沒有大門開間越多就等級越高，只有開大門、行中道、走正道。慈濟建築的「造型」反而有自己的融入，融入某些的對稱、降低了高度的臺基、歇山及懸山的斜屋頂。靜思精舍沒有鐘樓、鼓樓；但融入鐘、鼓的警醒。靜思堂沒有鐘樓、鼓樓；但有鐘形窗融入鐘的警醒。

本能反應

　建築「造型」被宗教影響的「本能反應」，是因為慈濟精神根本就是佛教精神，是因為慈濟建築根本就是佛教建築。沒有現代與古代的分別、沒有改變不了的僵化，只有「順應現代」、並「配合機能」的「本能反應」。

　「配合機能」的意思是：醫院類、學校類建築本來就應該有相「配」，且相「合」於其機能的外觀，譬如病房區、教室區一定要多開窗，手術室、各檢查室就反而不要開窗，醫院門廳也要有一定的尺度，尤其連結急診

室配合緊急狀況大量傷患的湧入等等。而這一切都是為了拔苦——拔佛教「苦集滅道」之苦，為了救人——救慈濟「濟世救人」之人。這一「配合」是宗教的回應、是因宗教的影子。

「順應現代」的意思是：「契機」，契當時的時機，契當代人的根機。佛陀說法 49 年，說四諦、說十二因緣，最後 7 年說六度、教菩薩法，這是佛教的「特有」。這分「特有」必須「融入」當時人的生活，契當時、當代人的時機、根機，才能為那個時代所接受，每一種宗教都必須「順應現代」，順著並響應現代社會的需求，用現代人能接受的方法傳達宗教。

證嚴法師，尊稱佛陀為「宇宙大覺者」，用簡明的「靜思語」傳達很多佛教的真理，用現代慈濟人的故事述說很多過去菩薩的行為，用每天清晨「靜思妙蓮華」裏的偈語闡述《妙法蓮華經》的經義，慈濟建築「造型」的平易、近人、特有、卻融入，這都是為了「順、應現代」，為了恒順眾生、反應現代。

廣泛的來說，慈濟建築每一類、每一棟都是為了接引、訓練、成就菩薩。宗教對建築「造型」的影響，成就了慈濟建築外觀的特有性，因為他本來就不是佛寺，也不是佛塔，而是「菩薩訓練場」。

宗教對建築「過程」的影響

建築的定義，延伸了建築過程也是「建築」的一部分，也延伸了宗教對建築過程的影響。「過程」，在此指建築的基地選定、經費來源、工地人文、設計過程。

因緣——基地選定

慈濟的源頭、慈濟人心靈的故鄉，當初「靜思精舍」大殿建築基地的選定有段「不可思議」的因緣。選定在花蓮縣秀林鄉佳民村「普明寺」的咫尺。

1952 年，法師十五歲，母親「胃穿孔」大量出血，須開刀，很危險，法師虔念「觀世音菩薩」，希望母親身體恢復健康，並發願：願減壽命 12 年換取母親的病能好轉，同時茹素為母親增壽。發願時期，一連三天，夢中：「見到一座小佛寺，中間大門、兩邊兩個小門、殿中有尊大佛像、竹子做的床放在佛像旁，媽媽躺在竹床上。我在旁邊搧火，為媽媽煮藥。忽然一陣風聲從小門傳來，一朵白雲幽美、緩緩地飛近，雲裏坐著一位美女。我不由自主地叩頭。看他從瓶中倒出一包藥，沒有說話，我跪下來，伸手接藥，美女的影子便慢慢消失。我將那

包藥打開，餵給媽媽吃！」接連三天晚上，夢境完全相同。彷彿一部相同的電影看了三次。後來媽媽沒有開刀，病就好了。從此，法師便開始茹素；但對佛法並沒有印象，只是一份純孝。

1961 年夏秋之交，法師第二次出家。在臺中潭子附近稻田裏，修道法師⑤：「要去嘛，就現在！」證嚴法師：「好，就現在！」「一切身無掛礙！」法師身無長物，兩袖清風。修道法師匆忙回去準備自己的衣物，坐了三輪車趕回來，二人在路邊招呼站相會，一同上三輪車，直奔臺中火車站。火車站，「北上？南下？」「那邊火車來，趕那班，讓命運安排！」結果，來了一班南下高雄的火車。到高雄，轉公路局班車往臺東⋯⋯花蓮⋯⋯。

1962 年 10 月，參加佳民村「普明寺」⑥慶典，法師感覺這地方很親切、似曾相識、好熟、好熟。原來，這是之前她為母病祈求，連續三夜夢見的小廟。到了這裏，心裏一切落實！

要出家就在這裏！〔19〕〔20〕

因緣不可思議。這是當時大殿建築基地的選址。

1979 年決定籌建慈濟綜合醫院。建院過程百轉千折，法師倍嘗艱辛、歷經考驗，選址好不容易確定，卻被國家「有需要」的理由打回票。第二次才成功。做好事不

容易，「菩薩道難行能行」。

　　慈濟建築的基地選定，多半是由遍布各地的志工推薦，經過基金會的評估過濾，評估土地的分區、價格、交通、區位、環境等，也包括當地師兄、師姊的數量、需求、「發心度」、「願力」，海外還有董事會，志業的發展，集各種因素，最後由法師拍板。而這一切就要「看因緣」。

　　土地取得之後，未必馬上興建，更多的時候是修建原有建築「克己、克勤、克儉、克難」而用，直至「因緣成熟」才新建靜思堂或志業體類建築。

　　921時中部各地臨時組合屋社區、88水患時高雄杉林等園區、貴州甘肅水窖之後的遷村、菲律賓獨魯萬等地簡易屋社區，各種賑災類建築基地的選定，由當地賑災師兄、師姊的一一回報，以安全為第一考量，避免二次受災、接近原有生活圈方便災民謀生為主要考慮，最後由法師拍板。

　　而當地政府的態度，意願及配合度也是關鍵，而這一切則依然是要「看因緣」。

　　慈濟建築的基地選址，的確是「看因緣」。選址後的興建時機，也要「因緣具足」、「因緣成熟」時才得以成就。

慈悲——經費來源

　　慈濟建築經費的來源，自然來自十方大德的捐款。然而，1999 年的 921，慈濟一共認養 51 所學校，經費以數十億臺幣計。剛開始時，慈濟其實根本沒有那麼多錢來興建這些認養的學校。慈濟沒做過這樣的事，法師也沒有準備像企業經營一樣去向銀行貸款。錢，不是法師拍板這件事的主要因素，甚至根本不是考慮因素。法師唯一的是不捨，不捨這些孩子因為災害受苦又不能就學，難過心慟得整個心都空了，淚也流乾了。是宗教家的悲天憫人、慈悲心切，讓法師毫不猶豫的首先認養，但，慈濟興建這些學校的經費來源哪裏來？法師當時說：「錢在大家的口袋裏。」只要大家有愛心，他一點都不擔心。

　　1986 年啟用的花蓮慈濟醫院，建築經費的來源在第一次動土時只募得 3000 萬，當時蓋一間醫院至少要 6 至 8 億，炒房、炒股、炒期貨好像也沒有賭這麼大！法師的信念、信心到底從那裏來？有位想回饋臺灣的日本華僑，當時一口氣要捐 2 億美金（80 億臺幣）。大筆資金挹注投資入股，哪個企業主不會高興得都來不及？但，法師也沒有接受。這到底又是如何的信念？

　　慈濟建築經費的來源到底在那裏？不是錢！佛教 2500

年、慈濟 50 年，說明了這一切。是受宗教信念甚深、甚深的影響！

「心、佛、眾生三無差別。」「信己無私，信人有愛。」每個人心中都有慈悲、都有大愛，而且「一生無量」，一可以生無量，這是慈濟建築經費的來源。

教化──工地人文

工程品質、工程進度、勞工安全是每個工地所共同關心。慈濟建築工地關心的還有：1.「三不」、2. 環保、及 3. 素食，這是慈濟工地異於建商、工廠、公共工程、私人等各式工區特有的「工地人文」。慈濟的「工地」，也講究「人文」。

1.「三不」指不抽煙、不喝酒、不嚼檳榔，關心工人的健康及安全，也是佛教徒應守的「五戒」之「酒戒」。2. 環保資源回收，是慈濟的一向如此，為了救地球、為了保護工地環境，也是慈悲的內涵，慈悲的對象至有情、無情眾生、至地球、至您周圍的工作環境。3. 素食是為了淨化、為了健康，這健康包括工人的、地球的、道場的，也是佛教徒應守的「五戒」之「殺戒」。

清淨的道場，從開始、及過程、到建築完成都要清淨。這是一種教化，基於宗教。

修行—— 設計過程

　　建築設計的過程，是一種美好，因為自己的理念、想法即將具體呈現，作品矗立在各地。建築設計的過程，是一種煎熬，尤其當自己的創意剛萌芽或受挫時。建築設計的過程，是一種妥協，太多的妥協，包括法規必須的限制、結構的安全、經費限制、業主合理不合理的要求等，把自己的創意、理念妥協，把自己妥協。建築設計的過程，是一種合和，因為建築師必須整合水、電、消防、結構等顧問的設計，把自己整合。

　　慈濟建築設計的過程，是一種修行，是修行的過程，不斷考慮、不斷嘗試、不斷試煉，整合的不僅僅是相關的顧問、還有「眾緣的合和」。設計的過程，需要用心、需「要有自己」的創意，因為這是設計；設計的過程，其實是在練習「沒有自己」，因為要成就的是道場、清淨的道場。是與眾生結好緣的殊勝。

　　不只建築設計如此，「國際慈濟人道援助會」食、衣、住、行各項救災拔苦輔具的研發過程也是如此，參與設計研發的人，不論是專業或非專業，被修改個十次、二十次是必然。「用心就是專業」。

　　慈濟建築設計的過程是一種研發的過程，研發自己的心，化心像為具象，圓滿的！完美的！這是修行的過程。

受了宗教的影響。

因、果、心

修行，過程比結果還要重要，因為「菩薩畏因，凡夫畏果」。那「結果」就不重要？完成建築物就不重要？

「過程難現」因為過掉了；「結果易見」因為果在；雖然如此，還是不能忽視「過程」的重要。過程，圖上一條線；結果，現場一道牆。

「失之毫釐，差之千里」，起心，又比過程重要。那過程就不重要？設計圖紙就不重要？

「心是看不見的」；但「用心是看得見的」，最多的其實是心，最重要的是「心」。否則，草圖紙上的鉛筆如何優游？

雖然我們的眼睛看不見「心」。

小結

當宗教影響了建築，慈濟建築的呈現，是商業邏輯下作為的「商品」？是工廠標準化訂製的「產品」？是建築師藝術的「作品」？或，是會說法的「法品」！

註釋

①「劫」不是佛教創造的名詞，是古印度用來計算時間單位的通稱，是指非常長的時間。佛教把世間萬相的生滅分為「成、住、壞、空」，用現代文字可簡說為「產生、保持、敗壞、殆盡」四大循環，其中一個階段就叫「壞劫」。

②太虛：「太虛無形，氣之本體。其聚其散，變化之客形爾。」太虛是無形象可見的，是有形可見的事事物物之本體。有形可見事物的成形與消散，只是變化中暫時的形貌而已。

③窣堵波（stupa）：梵文，佛塔。由半圓形覆缽、方形平臺、塔剎及基座所構成。

④七堂：佛殿、法堂、僧堂、庫房、山門、西淨、浴室。

⑤修道法師：豐原慈雲寺的修道法師，與證嚴法師的出家因緣甚深，二人感情甚篤。

⑥普明寺：位靜思精舍後方約 200 公尺。

慈濟及其建築
對建築創作的啟示

將「慈濟建築創作的過程」，視為一種「研發的
過程」──一種「研發自己的心」的過程。 從慈
濟建築來看，慈濟、建築、宗教（佛教）三者終究
互有影子、且相互迴響。「影子」可以啟發「慈
濟人」做人的方法，「迴響」可以明示「建築人」
建築的創作。

15

建築創作是修行的過程

　　慈濟建築創作的過程是一種修行，是修行的過程。設計創作的過程，要傳遞的是「我的」設計理念，少不了「我」，甚至要堅持「我的」想法、強烈「我的」想法；修行是「修正自己的行為」，要不斷「修正我」、「改變我」，直到「無我」。

　　把「建築創作」當作「修行」──除了完成建築（物）。「慈濟建築創作的過程」，還是一種「研發的過程」，一種「研發自己的心」的過程。

　　從慈濟建築來看，慈濟、建築、宗教（佛教）三者終究互有影子、且相互迴響。「影子」可以啟發「慈濟人」做人的方法，「迴響」可以明示「建築人」建築的創作。

　　啟示的內容，包括「真空妙有」、「因緣果報」、「緣起性空」。

　　慈濟，存在者，有話要說。建築，矗立者，也有想說的話。宗教，明明白白的「示」現，要「啟」發你、我的心。

■ 因緣果報成建築。1967 年
11 月 1 日，證嚴法師於花蓮
吉安為李阿拋老先生所建、
慈濟的第一間「慈濟屋」主
持動土。 *（圖片／慈濟基金會）*

看清真相——真空妙有

────────────

建築的目的是為了空間。建築是「有」、有為法，空間是「空」、真空。建築「有」了、完成了，很微妙的生成「空」。微妙有意思的是「妙有」生成的「真空」，有了建築的「有」才可以呈現表達「空」的空間。沒有建築，我們看不到它呈現的空間，沒有「有」，我們看不到「空」。這是藉「建築與空間」來說「妙有與真空」。

《金剛經》：「凡所有相，皆是虛妄；若見諸相非相，即見如來。」意思是所有的「建築現相」，都是虛假、都是妄想的；如果能看得到、能超越建築這「表相」、「現相」，就看得到真實的如來相、「真實的相」了。《金剛經》：「一切有為法，如夢幻泡影，如露亦如電，應做如是觀。」意思是有為法、「有」的建築，終究會幻滅。要這樣看待建築。因為《心經》：「觀自在菩薩。行深波若波羅蜜多時，照見五蘊皆空，度一切苦厄。」因為「五蘊皆空」、因為「色、受、想、行、識」都是空幻的。其中的「色」就是我們眼睛所見的一切萬事萬物、就是一切「有為」的器世間。

如果我們執著在「色」、執著在「有為」、執著在

■ 大殿主堂的「有」，與中
庭的「空」，可引申慈濟建
築的「真空妙有」境界。
　　　　　（攝影/王賢煌）

「有」、執著在建築、執著在建築一定要依「我的」想法，那我們真是辛苦、也痛苦啊！

「空」比較不易「看到」。沒有「有」，見不到「空」；但沒有「空」根本產生不了「有」，沒有大「空」間，建築物如何立足？沒有建築的「有」，室內「空」間、中庭「空」間又如何產生？

要認識「有」，更要體解「空」。「有」當然非常之重要；但，「空」才是究竟。建築的目的是為了空間，「有」的目的，是為了彰顯「空」。

要如何「看到」「空」？「用耳朵看，用眼睛聽。」「多用心」、「用心體會」是也。用心體會一件件建築大師們的「作品」，用心體會他所要「傳遞」的訊息。

勿執著文字相！

「妙」，是妙在用心體會、妙在「境教」、妙在空間也會「無聲說法」、妙在空間也有人文。

「證嚴法師相當重視建築環境的無聲說法，這是我近二十年漸漸明白的。」在建築界享有相當地位的許常吉建築師，推崇法師對於建築美學以及人文精神的融合。建築與人文是合而為一的，過程中處處是景，處處留跡。

慈濟及慈濟建築，也帶給我有關建築創作的啟示。

慈濟建築，不僅僅在慈濟的建築物。慈濟的建築物不

僅僅立足於各國、各空間。50 年時間的始終如一，也是一種珍貴。建築行為以外的所作所為，還更多、更多。而這源頭、這「因」是在「守之不動，億百千劫」的宗教家精神。

　　慈濟建築是「妙有」，宗教精神是「真空」。超越建築，體會空間。超越慈濟建築物，體會慈濟的宗教精神。穿越「有」，體驗「空」，深解「真」，並與「妙」相會。

分辨好壞──因緣果報

　　「妙」，是妙在「因、緣、果、報」。建築的「因」，是興建的原因、是興建的起心、動念。建築的「緣」，是鉛筆、圖紙、相關顧問，鋼筋、範本、混凝土等材料，及土地、工人、機械、經費等等有形、無形的眾緣。「果」是成果、就是建築（物）。「報」是報應、是與建築相應的空間。這是藉「建築」來說「因、緣、果、報」。

　　「因」是創作的心、設計的起心、動念，「緣」著鉛筆、圖紙，結「果」是設計圖，回「報」的是建築。這是藉「建築創作」來說「因、緣、果、報」。

　　混凝土，也需水泥、沙、水、攪拌等「因緣」合和，

才得以成就混凝土這「果報」。這是多麼「不可思議」的因緣，有多少有形、無形，有多少我們看得到、看不到的因緣，來共同成就一棟建築（物）。

「因、緣」決定、也傳遞出「果、報」。有前「因」才有後「果」。因緣觀，其實與邏輯推理差別不大。佛法，非常的科學。只是，有太多是我們人的肉眼看不到的。慈濟，很難用一眼就看穿。慈濟建築，遍布 5 大洲，要踏遍還真不容易。

絕對不能否定「緣」、「果」、「報」的重要；但建築的好壞，在建築創作的開始，「因」就已經決定了。「最」重要的是「因」。因為「好的開始是成功的一半」，終究「菩薩畏因、凡夫畏果」。

安藤先生的建築自學之旅蘊釀了他的作品，從「一開始」、從「因」。從人本、人的本質出發，他搭起今與古、東方與西方建築的橋梁，用自然、用材料、用體會人居。歐洲古建築的幾何美、現代建築的工業化、經濟化、失去人的本味，日本建築空間重心靈、精神的禪意……。深邃的抽離出「因」的成分，用最現代、又最基本的混凝土建材作為他創作的主要素材……。當然在創作的過程中仍有不斷的「因」、「緣」、「果」、「報」在淨化、在淨「因」。

建築是最現實的「因、緣、果、報」，有了業主需求的「因」，有了建築師設計的「緣」、及營造廠施工的「緣」，很快就有建築完成的「果」的落成啟用。而建築的「報」，則是使用者很快就會回「報」、就會向你「報」告，你設計的如何？

　　建築的回「報」，不是只有空間。建築的回「報」，還有「報」導及「報」應，就是使用者的評價，以及蓋什麼用途的建築給人使用。「萬華靜思堂」，原來是賭場，現在是道場，看看這二種用途，好與壞、因緣果報的差別，有多大？

　　「報」應之後，又將促成另一種「因」。如此循環、如此「輪迴」。只是，我的肉眼還真是看不到。印順導師：看不到的，並不代表就是不存在。

　　一定要「我看到了」才算數？ 但其實，建築的好壞，在建築創作的「因」的時候，就已經決定了。

把握當下好好設計——緣起性空

　　「緣起性空：一切法由於無自性，因此得以隨緣幻現；幻現的一切法，雖然歷歷在目，但卻如夢幻泡影、如露

亦如電。

　　佛教的因果原理，是建立在緣起性空上，與其他宗教學說所說的因果迥然不同。因為釋尊的成為佛陀，就是體悟萬物皆從因緣而生的原理，如實的為人類宣示出來，是即所謂佛教。縱觀世間的一切法（法——是人、事、物的總稱）無一不是相互關係的存在，一切是重重關係的幻網，唯有在如幻的緣起法中，觀察因果，才能徹底通達緣起的因果性相力用。所以要了解因果原理，必須先通達緣起性空。

　　緣是因緣，起是生起，因是主要條件，緣是助緣，主要條件的因，必須藉緣的助力才能生起，故曰緣起。

　　性空，不要想像為什麼都沒有、什麼都取消，也不要意味著是什麼本體或能力能生一切法，或以為空是現出一切現象的根源。佛法不是玄學，只是即現實而如實知之而已，亦即是在現實經驗中體悟諸法本性空寂，如實的宣說。空性，非另有實體，是緣起現象的當體。性空，即緣起的本相。」

　　這是印順導師在《中觀今論》〔21〕的一段話。用建築的角度來看，就是建築的起心動念「因」是主要條件，必須藉設計、施工「緣」的助力才能生起，建築也才能成「果」。建築（物）就是因為起心的因及助緣的設計、

施工而完成建築（物），要體悟建築（物）的「本性空寂」，要從建築（過程）中「如實」的了知。

如何「如實」了知？牽涉到見解。牽涉到我們薄地凡夫久遠以來，習性地、被無明貪、瞋、癡等遮蓋，所產生膚淺、執我而表面的見解及我知我見；牽涉到我們內心本來就有、真如朗朗、清淨本性顯明、深入而真實的見解，如佛心般的佛知佛見。

需要抽離事相、需要看透「有為法」、需要有「法」才得度、需要有法才「有法度」（閩南語）。需要「做就對了」、需要「體悟」體會並瞭解、需要「證悟」親自去做、去行而證明、而了悟「無為法」。需要喝水才會知道冷熱。

掀開膚淺假合的「有為法」，深入真實的「無為法」。

用建築的角度來看，就是建築（物）雖然「歷歷在目」；卻如過往雲煙、稍縱即逝。那為什麼萬里長城還在？

因為見解不同、看事情的角度不同。眼睛，自己背後的東西，若不轉身，都看不到了，活幾十歲的人，用肉眼看 2 千多年前開始建的長城，自然天長地久；用分段生死的生命長河、用宇宙大覺者的宇宙角度來看，萬里長不過一小段。搭飛機從上面看，就知道。用 Google 地圖滑鼠不斷滑動比例，就知道。同一個部位，不同比例

的圖紙，呈現不同的內容。比例尺拿出來就懂了，學建築的人應該更容易理解。

只是，我（我們）似乎忽略了什麼？

佛教，與其他宗教學說所說的因果迥然不同。

建築的成就，是「重重關係的幻網」所成。因為雖然「成」了，終究要「住」、「壞」、「空」，建成、使用、敗壞、拆除成空，爆破 30 秒就成「空」了，萬里長城已經在「壞」的階段。

建築的起心、起「因是主要條件」，鉛筆、鋼筋、工人等等有形、無形的都是「助緣」，建築創作「必須藉緣的助力才能生起」。建築創作看來偉大，沒有這些「助緣」，房子還真蓋不起來。建築大師的建築創作是如此。慈濟建築的建築創作是如此。更何況「我的」建築創作。

慈濟人最愛說「感恩」。建築創作，建築師在這時候不感恩這些助緣，還真難。

佛法不是玄學。就是教我「把握當下！」好好寫論文、好好做設計、好好施工、好好使用……。

只有此時此刻是最實在、最真實的。因為「歲月如梭，一去不復返。」時間真的不會再回來了！只有別人會年紀大，自己總是不知自己會老，看著小孩一年年長大，即使照了鏡子，還不覺自己已過半百、開業已 20 年。

「行蘊！」不知不覺。我似乎，又忽略了什麼？站在上海灘，看著黃浦江的江水一直流向大海，所看見的江水沒有一刻是相同的，雖然他都叫「黃浦江的江水」，雖然他都叫「時間」。

當下，是最珍貴的。「活在當下」是生命中的最重要。因為，「當下就是蓮花」──莊嚴、殊勝、不再。「當下就是蓮花」──因為「蓮花」是因果並蒂、因果同生，因為「當下」是過去所造的果、同時也是未來將受的因的剎那。並且，那果確定是過去的自己（或許就是昨天）所造作、那因也確定是未來的自己（或許就是明天）將承受。

這樣，「甘願受、歡喜做」，也就成為活在當下的「蜜訣」──甜蜜而重要的訣竅，而不只是「祕訣」──神祕的訣竅。這樣，「甘願受、歡喜做」就成為「真實」活在當下的不二。甘甜、自願的接受，歡喜、法喜、如法的做。誰教我（你）之前要「早知如此，何必當初！」

後悔一點意義都沒有；「懺悔」比較重要，「反黑為白」面向光明「力行」比較重要，「皈依」比較重要。懺悔自己未曾在乎自己口袋裏的明珠，皈依並找到自己內心深處的清淨本性，比較重要！

要找到來！

小結

維特魯威、阿爾伯蒂、喬其奧、達・芬奇、塞利奧、布隆代爾……，密斯、柯布、萊特、格羅培斯……，丹下健三、磯崎新、黑川紀章、安藤忠雄……，古今多少建築大師，藉著他們創作所成的一系列建築作品或留下的文字，「傳遞」出他們的建築思想及理念，大師們「心靈的財富」感動著我們這些建築的後輩。

感動的來源，大部分是從書本及照片。

慈濟建築是包括 5 大類的一系列建築法品。證嚴法師，是慈濟建築的決定者，當然還有很堅強的設計、施工這些「助緣」團隊，包括基金會裏的林副總執行長、營建處林主任及以下的同仁、志工、以及很多的「協同建築師」。這是一個頗具規模、有幾十年歷史、完成的建築物也有相當數量的「事務所」。

對筆者而言。對建築創作的啟示，在於設計過程中的參與，在於施工過程中的參與，也在於不斷使用、重複使用，使用相同、及不相同的慈濟建築時的空間體驗。

建築設計，本來就是一個高腦力輸出的工作，需要從不斷從設計、施工、使用的輪回當中體悟、學習、進步。建築設計，本來就是一個幫助別人的過程，幫助每一位業主完成他的夢想，居住的、藝術的、名利的……夢想。

建築設計，需要深解人性、瞭解使用者需求，才可能有好的作品。慈濟的建築師在參與「慈濟建築」的過程當中，不斷設計、不斷修改、不斷「力行」修改、不斷「設計就對了」，去深解業主慈濟的需求、去體悟業主需求當中的宗教精神。或許，在這「幫助」慈濟業主的過程當中，能看到別人的苦，能知道自己的幸福，能在「付出」當中「感恩」。當建築師以大愛互動、當建築師「多用心」在設計當中。

建築的創作，基本上建築師是「大咖」。建築師的建築創作，來自建築師的手、鉛筆及圖紙。建築師的手工畫，是因為建築師這個「人」的「心」動了。

建築師的「心」在哪裏？

建築師自己要找！

人的「心」在哪裏？

人自己要找！

要找！

結論

慈濟建築，原來從屬於慈濟志業發展的作為。慈
濟志業發展的作為，完全是因為宗教情懷。慈濟
宗教情懷的源頭，來自佛教，來自為了「教菩薩
法」的《妙法蓮華經》。慈濟建築的宗教精神，
往深裏去，就是菩薩精神。

15

慈濟的

「2012 年 10 月 7 日，印尼靜思堂啟用。花蓮連線，畫面真的很壯觀。印尼是伊斯蘭教的國家，只有很少數的基督教、天主教、佛教徒，今天，這些宗教的領導者都一起來參加。我們國中二年級的孩子排出一尊千手觀音，當地的老師很用心，覺得觀世音菩薩的慈悲能展現佛教精神，同時也是他們仁愛的表達，並沒有任何衝突，所以將孩子這樣教出來。畫面中還有看到一群伊斯蘭教的青年練鼓，他們說伊斯蘭教講經前要擂鼓，佛教的擂鼓是集中大眾來聽法，與他們一樣。『宗教名異』卻『同善法』，在印尼的靜思堂裡見證了宗教合和。」

「慈濟由佛教所創辦，但希望能打破宗教的隔閡。我們用很純真的心，沒有宗教的分別、沒有政治的動作，可以帶動所有的民眾有善良的心。」這是慈濟的宗教精神。〔7〕14 夏 282

也是，慈濟建築的宗教精神，往廣度言，無疆、無界、無分別、同善法。

■ 證嚴法師於杉林慈濟大愛園區桃源鄉安息日會教堂，現場基督、天主及佛教徒共聚一堂。慈濟建築，無宗教隔閡。　*（攝影／阮義忠）*

建築的

慈濟建築五大類，以 50 年時間，在全球新建的 A 類建築，概略如後（2013 年底）：一、慈善賑災類，大愛屋（永久及組合）18153 戶、希望工程學校 182 所（簡易教室 617 間）、敬老院 158 間、醫院 2 間、簡易寺院 13 間。二、醫療志業體類 6 家醫院。三、教育志業體類 5 所學校。四、人文志業體類 1 棟。五、社區道場志工類 30 餘座靜思堂。並持續增加中。如 2014 年菲律賓 2700 間大愛簡易屋。B 類建築，本書則未估算。

慈濟的住宅建築：是更多的「契理契機」與「地方特色」。意思是行善布施要有慈悲，更要有智慧。深切為災民需求、居住機能考慮，如坪數大小符合經濟夠用就好、幾房幾廳適合人口數、廚房廁所型式適合當地習俗等。大愛屋有大愛簡易屋、大愛組合屋、大愛永久屋，也是這樣慈悲與智慧的為災民著想。「地方特色」是對災民的尊重，「契理契機」是對災民受苦深刻的同理。

學校本來就是受教育的地方，宗教本來就是要教化人心。慈濟的學校建築：從硬體就是宗教，讓建築與空間自己說話。是境教，讓孩子沉潛、安定、安心的學習；

不是現代娑婆五光十色的迷失。不論是賑災類的「希望工程」學校，或教育志業體類的學校建築。而其實慈濟大學、中學、小學，所有志業體學校的老師、學生需要穿制服，也是基於同樣的理念，從人身的服儀、從建築的外觀，去制服自己的欲念、戒定自己的心。

慈濟的醫院建築：是最不像醫院的醫院。因為「八苦①之中，病苦為最」，慈濟醫院建築的貼心及同理心，除了醫療專業的機能性呈現，是想讓病人從一進大廳就能被環境除苦，當然生病還是要看醫生，否則也不需要蓋醫院了。但讓建築本身具有「除苦的機能」——至少減苦，減少心的苦。

慈濟人到醫院去就診，不稱去「看病」，而說去「看健康」，越看越健康。曾經有一位苗栗鄉親去臺中慈濟醫院就診，說道：「進到你們醫院大廳病就好一半，醫生親切詳盡的問診與志工熱心的態度，讓我的病又好一半，所以我就不用吃藥了。」不知道這是否是她不想吃藥的藉口？或是她真實的空間體驗！

慈濟建築的磁場、慈濟建築的「道氣」，是可以被真實感受的，尤其在花蓮靜思精舍——慈濟人的心靈故鄉。當然，也不是只有慈濟建築。不是只有建築才可能形塑這一氛圍。古鎮的人味比起現代城鎮有味道，不是

用鼻子聞的，是用心感受。雖然有的地方的確鼻子聞得出一些味道。或許，需要自己喝口水，才會知道。

慈濟的靜思堂建築：回字平面，不是古印度的佛寺格局、不是中國傳統的佛寺格局、不是中國儒教孔廟、或道教宮廟的格局、也不是回教清真寺、或天主堂、基督教堂的格局；而是因應時代需要、因應社區需要、因應「菩薩訓練場」需要的「內修、外行」格局。

「回」是建築平面、是宗教修行的內省、力行與精進，內回是「內修」、外回是「外行」。因為是「菩薩訓練場」，所以需要不斷的內修外行，需要不斷內回外回的來來回回，就像菩薩願力，不斷來回娑婆。內回講堂的精神空間，不是傳統佛龕，是「人間佛教」縮影的人間舞臺、及主牆上的「宇宙大覺者」。

「人」「合」是建築立面、是宗教修行的外顯、發願與期待。以「人」為本、以「合」為貴。發願自己的身、口、意能與自己的真如本性、佛性合和。期待每個人與人之間的相處能彼此合和，在這靜思堂裡、在社區、在國家、在地球上的每個人與人之間。只要合和，自然人心淨化、社會祥和、天下無災無難。

靜思堂建築的平面與立面，「回」與「合」的結合，是宗教的、是佛教的、是特有的。

嚴格說來，慈濟建築除了 A 類建築，還有更多屬於修建的 B 類建築。B 類建築或許沒有「三寶於上」、「合字屋頂」、「灰瓦瓦牆」等慈濟建築外觀上的特徵；然而內涵的克己、克勤、克儉、克難卻是不變的，在使用著建築。尤其是「環保教育站 / 點」，是修建既有建築、或重複回收建材搭建而成來使用。

　　B 類建築，在五大類中都有，且占很大部分。B 類建築，甚至更深入人群，影響社區。而這「不計形象卻非常實用」的房子，事實上也是另一種「慈濟建築」。

　　慈濟建築，是行菩薩道的重要，是修行的一種外顯。

　　慈濟建築（物），不管 A 類、B 類，不管五類中那一類，其實就是在建築兜率天宮「教菩薩法」的道場。

　　慈濟建築（過程），其實就是「滅」「苦」的道路。

　　從第一棟建築、從 50 多年前的「因」、的起心開始，就是。如是。

■ 靜思精舍大殿，屋脊三寶明珠、屋簷、慈誠瓦，顯示慈濟建築道氣（上圖）。靈鷲山因峰頂石形似鷲鳥得名，上有佛陀講《妙法蓮華經》說法臺遺址。

（上／游錫璋攝；下／王嘉菲攝）

宗教的

50 年前慈濟克難功德會為眼盲、獨居的李老先生蓋房子。54 年前，證嚴法師在小木屋，每天禮拜《妙法蓮華經》、研究法華教義，並回向給眾生。這是慈濟佛教精神的源頭，也是慈濟建築宗教精神的源頭。

佛陀說法，說苦及滅為先，先說「四諦」「苦、集、滅、道」；至說「十二因緣」的因緣觀，瞭解人的起因；最後 7 年說「六度萬行」菩薩道。

佛陀說法，「五時設教」，為「華嚴時」、「阿含時」、「方等時」、「般若時」、「法華時」。前 42 年從「有」說到「空」，從認識、看清紅塵的「有」，到看破、分辨紅塵的「空」；到最後 7 年說法華，說回入紅塵「真」「妙」的「活在當下」「做就對了」的「教菩薩法」。

佛教源於古印度，至今 2500 年，佛教精神本於釋尊說法 49 年。於靈鷲山，最後 7 年所說，至為重要，也就是《妙法蓮華經》。《妙法蓮華經》是佛教經典的「經中之王」，是佛教精神的究竟、真正，同時，也是慈濟建築佛教精神的源頭。

「為諸菩薩說大乘經，名無量義教菩薩法，佛所護

念。」《妙法蓮華經》「教菩薩法」，共七卷二十八品，其中「用建築來說法」的有〈譬喻品第三〉、〈化城喻品第七〉、〈見寶塔品第十一〉。

〈譬喻品第三〉用「火宅」譬喻三界，三界大宅、我們生活的空間、建築已經頹圮敗壞、而且大火燃燒狀況危急，處在建築當中的我們卻因「看不到」而不知警覺。甚至有長者提醒，也因「見解」不同而渾然不察，還在自以為是地貪玩。佛陀只能善導，用大白牛車、用大乘「教菩薩法」，想盡辦法令眾生脫離苦難。

〈化城喻品第七〉用「化城」譬喻為過去修行的成果，「化城」只是「中途休息站」；真正的目的是要再深入佛慧、進入宇宙大覺者的智慧，令眾生及自己最終能成佛、最後的見解能如宇宙大覺者。修行之路要到「總站」才算抵達。

〈見寶塔品第十一〉用多寶佛「塔」從地湧出，證明釋尊所說真實不虛。

火宅、化城、寶塔是建築，慈濟建築是建築，建築是「有」，說的法是「真空」，「妙」的是建築也能說法。

建築，也可以是宗教的法器。用建築來說法。

精神的

「用建築來說法。」說什麼法？

　大海中有很多根重要的針。最重要的這根針，是菩薩的心、行，是「慈」悲為懷「濟」世救人，是用修行的心行善助人。「慈濟建築」彰顯了這一個核心的重要。而這根針，也針砭著我、針砭著我這顆被霧霾覆蓋著無法明亮的凡夫心。

　身為建築師，可以從很多建築大師的作品當中擷取精

■ 靜思精舍一隅。譬如精舍以無形道氣，彰顯無形的精神。慈濟建築，即透過有形，來彰顯宗教精神。　　　　　　　　　　*(攝影／林炎煌)*

華，學習建築大師的精神，得到很多啟發。之於慈濟建築，一樣可以。

　　建築師的建築作為，建築，可以不是個東西，供人「諸惡皆作」；建築，可以是商品，唯利唯名是圖；建築，可以是產品，只供人遮風蔽雨；建築，可以是作品，像很多建築大師們的藝術傑作；建築，可以是法品，具人文關懷、具教化作用、具宗教精神、且供人「眾善奉行」，像高第先生的「聖家堂」，像安藤先生的「水之教堂」、「光之教堂」、「風之教堂」，像慈濟的建築。

　　建築師，拿起 6B 鉛筆，要讓自己的建築作為可以做什麼？在每一塊原本乾淨的基地、土地、唯一的一顆地球上！

　　建築師，貴自覺。

　　建築師的作為，存乎一心！

　　用心！

　　人，也一樣，貴自覺。

　　人的作為，存乎一心！

　　用心！

註釋

①八苦：佛教名詞。總括人生的苦因。指生苦、老苦、病苦、死苦、
愛別離苦、怨憎會苦、求不得苦、五陰熾盛苦。

參考文獻

[1] 張榮攀．慈濟語彙／新版[M]．臺北：慈濟人文志業基金會，
    2013

[2] 佛教慈濟慈善事業基金會．大愛灑人間[M]．花蓮：佛教
    慈濟慈善事業基金會，2010．

[3] 財團法人佛教慈濟慈善事業基金會．慈濟年鑒．2013[J]．
    花蓮：財團法人佛教慈濟慈善事業基金會，2013

[4] 百度百科．傳統文化[OL]．[2014-11-15]．http://baike.
    baidu.com/view/29087.htm．

[5] 印順導師．我之宗教觀[M]．新竹：財團法人印順文教基
    金會，2013(1950)

[6] 證嚴法師．慈濟月刊 540 期 // 文化與人文[J]．花蓮：靜
    思精舍，2011

[7] 釋德仉．證嚴上人衲履足跡．2002(1)-2014(52)[J]．臺北：
    靜思人文，2002-2014

[8] 維基百科．宗教[OL]．[2014-11-15]．http://zh.wikipedia.
    org/zh-tw/%E5%AE%97%E6%95%99．

[9] 釋德傅．慈濟學初探[M]．花蓮：慈濟大學，2013

[10] 營建雜誌社．建築技術規則[S]．臺北：營建雜誌社發行，
    2010

[11] 維基百科．慈濟知識百科[OL]．[2014-03-05]．http://3in1.
    tzuchiculture.org/wiki/index.php/%E9%A6%96%E9%A
    0%81

[12] 財團法人佛教慈濟慈善事業基金會．慈悲心路 - 莫拉克風
    災慈濟援建[M]．花蓮：財團法人佛教慈濟慈善事業基金
    會，2010

[13] 慈濟文化志業中心. 震盪中的人間至情 -1999.9.21 集集大地震慈濟志工關懷行. 卷一. 卷二 [M]. 臺北：慈濟文化志業中心，1999

[14] 釋證嚴. 最清澈的容顏 - 集集國小 新世紀. 新希望 [M]. 臺北：慈濟文化志業中心，2001

[15] 佛教慈濟慈善事業基金會. 慈濟 921 援助紀實 [OL]. [2014-11-24]. http://www2.tzuchi.org.tw/921/html/02.htm/

[16] 財團法人佛教慈濟慈善事業基金會. 慈濟年鑒. 1993(2)-2012(21) [J]. 花蓮：財團法人佛教慈濟慈善事業基金會，1993-2012

[17] 潘煊. 心靈的故鄉 [M]. 臺北：天下文化

[18] 慈濟教師聯誼會. 靜思語教學 43 期 [J]. 花蓮：慈濟教師聯誼會，2000

[19] 陳慧劍. 證嚴法師的慈濟世界一花蓮慈濟功德會的緣起與成長 [M].

[20] 靜思法藏網站 [OL]. [2015-2-14]. http://3in1.tzuchiculture.org/wiki/index.php/%E9%9D%9C%E6%80%9D%E6%B3%95%E8%97%8F

[21] 印順導師. 中觀今論 [M]. 新竹：財團法人印順文教基金會，2013(1950)

[22] 釋證嚴. 慈濟月刊 558 期 [J]. 花蓮：靜思精舍，2013

[23] 財團法人佛教慈濟慈善事業基金會. 慈濟年鑒 1966-1992[J]. 花蓮：財團法人佛教慈濟慈善事業基金會，1996

[24] 鳩摩羅什.《妙法蓮華經》[M].臺北：聖國印刷有限公司，2001

[25] 曇摩伽陀耶舍.《無量義經》[M].花蓮：靜思精舍，2004

[26] 悟達國師.《慈悲三昧水懺》[M].臺北：甘泉寺藏經圖書館，2001

[27] 王貴祥.中國建築史論彙刊第伍輯 // 佛教初傳至西晉末十六國時期佛寺建築概說[J].北京：中國建設工業出版社，2012

[28] 王貴祥.中國建築史論彙刊第陸輯 // 東晉及南朝時期南方佛寺建築概說[J].北京：中國建設工業出版社

[29] 王建國.閱讀安藤忠雄 建築創作作品論述[M].臺北：田園城市文化事業，2007

[30] 寬謙法師.傳統與現代對話[碩士學位論文].台南：成功大學

[31] 張勃.漢傳佛教建築禮拜空間探源[碩士學位論文].北京：清華大學

[32] 尚晉.七堂伽藍小考[碩士學位論文].北京：清華大學

[33] 周惠嫻.從證嚴法師之克裡斯瑪到靜思堂的建築象徵[碩士學位論文].台中：東海大學

[34] 曾增栩.慈濟九二一希望工程南投縣某國民中學學校建築美感經驗之研究[碩士學位論文].花蓮：慈濟大學

[35] 吳昭勳.慈濟九二一希望工程學校重建工作之探討——以南投縣竹山區援建學校為例[碩士學位論文].嘉義：南華大學

[36] 宋立文.法鼓山故事~建築篇 // 水中月，空中花－法鼓山農禪寺水月道場所展現的佛理與建築思考[G]

[37] 寬謙法師. 人間佛教的建築空間理念 [G]

[38] 陳清香. 許育鳴主持下的佛教建築 [G]

[39] 靜思精舍. 根 慈濟人的心靈故鄉 [M]. 花蓮: 靜思精舍, 1996

[40] 佛教慈濟慈善事業基金會. 慈濟人的一天 [M]. 花蓮: 佛教慈濟慈善事業基金會, 1995

[41] 靜思精舍. 大愛在靜思 - 慈誠造房屋 [M]. 花蓮: 靜思精舍, 1999

[42] 林碧玉. 築千年的希望 - 九二一希望工程紀念詩集 [M]. 臺北: 靜思人文, 2009

[43] 證嚴法師講述. 無量義經偈頌 [M]. 臺北: 慈濟文化出版社, 2011

[44] 證嚴法師講述. 慈悲三昧水懺講記 上篇 [M]. 臺北: 慈濟文化出版社, 2010

[45] 證嚴法師講述. 慈悲三昧水懺講記 中篇 [M]. 臺北: 慈濟文化出版社, 2010

[46] 證嚴法師講述. 慈悲三昧水懺講記 下篇 [M]. 臺北: 慈濟文化出版社, 2010

[47] 釋德仉. 證嚴上人思想體系探究叢書 [M]. 臺北: 慈濟文化出版社, 2008

[48] 慈濟傳播人文志業基金會. 走過311- 重新定義幸福上卷 [M]. 臺北: 慈濟傳播人文志業基金會, 2012

附錄 A　慈濟建築－臺灣－無量一生

地區	AB	建築分類	名稱	啟用	據點戶數	代表地址	其他
亞洲 - 臺灣							
東區							
宜蘭縣		社區道場	宜蘭聯絡處	20111023		262 宜蘭市東港路 9-44 號	
	B	社區道場	羅東聯絡處			268 宜蘭縣五結鄉五結路三段 360 號	靜思小築
	A	社區道場	蘇澳環保站			270 宜蘭縣蘇澳鎮	
	B	環保教育站			6		
	B	社區環保點			154		
花蓮縣	A	本會	花蓮本會	19690510		971 花蓮縣新城鄉康樂村精舍街 88 巷 1 號	靜思精舍．靜思主堂、會客堂．會議．辦公室．齋堂．大眾．寮房、倉儲．協力工廠．靜思小築
	B	人文	花蓮美侖靜思書軒				靜思書軒
	A	教育	慈濟大學（校本部）	19941016		970 花蓮市中央路 3 段 701 號	慈濟大學社教中心
	A	教育	慈濟大學（人文社會學院）	20090504		970 花蓮市介仁街 67 號	慈濟大學教育傳播大樓完工
	A	教育	慈濟大學附屬高級中學（中學）	20000828		970 花蓮市介林街 176 號	
	A	教育	慈濟大學附屬高級中學（小學）	20000830		970 花蓮市介林街 178 號	
	A	醫療	花蓮慈濟醫院	19860817		970 花蓮市中央路三段 707 號	靜思書軒、宿舍
	A	社區道場	志業中心、花蓮靜思堂	199005--		970 花蓮縣花蓮市中央路三段 703 號	靜思書軒．講經堂、法華坡道．展覽．會議．辦公室、同心園齋堂．大眾．全球慈濟人寮房（199605-- 講經堂啟用）
	A	教育	慈濟技術學院	1989091 7		970 花蓮市建國路二段 880 號	
	A	慈善	大愛屋	1971--	3	971 花蓮縣新城鄉嘉裡村	娜娜颱風
	A	慈善	大愛屋	197502--		6 971 花蓮縣新城鄉康樂村 6 棟 6 戶有眷，13 坪 / 戶	1975 妮娜「慈濟康樂小築」一
	A	慈善	大愛屋	197506--		9971 花蓮縣新城鄉康樂村 3 棟 9 戶單身，13 坪 / 戶	1975 妮娜「慈濟康樂小築」二
	A	慈善	大愛屋	2007--		1972 花蓮縣秀林鄉秀林村	照顧戶重建
	B	社區道場	吉安共修處			973 花蓮縣吉安鄉明仁二街 305 巷 12 號	
	A	慈善	大愛屋	19671215		1973 花蓮縣吉安鄉南華村	照顧戶重建
	A	社區道場	鳳林共修處			975 花蓮縣鳳林鎮鳳仁裡信義路 321 號	環保教育站
	A	慈善	大愛屋	2001-		12979 花蓮縣萬榮鄉見晴村	桃芝颱風

地區	AB	建築分類	名稱	啟用	擴點戶數	代表地址	其他
	A	醫療	玉里慈濟醫院	19990315		981 花蓮縣玉里鎮民權街 1-1 號	
	A	醫療	玉里慈濟醫院宿舍			981 花蓮縣玉里鎮	靜思小築
	A	社區道場	玉里靜思堂	20100314		981 花蓮縣玉里鎮民權街 56 號	
	B	社區道場	環保教育站		5		
	B	社區道場	社區環保點		83		
台東縣	A	醫療	關山慈濟醫院	20000315		956 台東縣關山鎮和平路 125 之 5 號	（宿舍為 A 類）
	A	社區道場	台東聯絡處（靜思堂）			950 台東市四維路二段 606 號	（回收建材）靜思小築
	B	社區道場	環保教育站		4		
	B	社區道場	社區環保點		62		
北區 基隆縣	A	社區道場	基隆共修處			204 基隆市基金一路 34 號 2 樓	靜思小築
	A	社區道場	基隆聯絡處（靜思堂）		1	204 基隆市樂利三街	
	B	社區道場	環保教育站 北市‧新北市				
	B	社區道場	社區環保點 北市‧新北市				
北市‧新北市	B	人文	喜來登靜思書軒	20050810		100 臺北市忠孝東路 1 段 12 號 1 樓	靜思書軒
		社區道場	臺北中正共修處			100 臺北市中正區杭州南路一段 50 號之 1	靜思小築
		教育	慈濟大學臺北社教中心			104 臺北市中山區建國北路 3 段 42 號	慈濟大學社教中心
		社區道場	松山聯絡處			105 臺北市松山區八德路二段 358 號 10 樓	靜思小築
	B	人文	松隆書軒			105 臺北市松山區南京東路 5 段 188 號 16 樓	
	B	社區道場	臺北分會（靜思堂）	19911012		106 臺北市忠孝東路 3 段 217 巷 7 弄 35 號	靜思小築
		社區道場	師大禮居共修處			106 臺北市大安區和平東路一段 115 號 B1	
	A	社區道場	中正萬華聯絡處（靜思堂）	20120630		108 臺北市萬華區莒光路 222 號	靜思書軒
		人文	新舞臺靜思書軒	20020501		110 臺北市松壽路 3-1 號	靜思書軒
	B	社區道場	東區聯絡處			110 臺北市信義區松隆路 327 號 1 樓	
	B	人文	信義書軒			110 臺北市信義區松壽路 3 之 1 號	
		社區道場	天母共修處			111 臺北市士林區中山北路六段 161 號 B1F	靜思書軒
	B	人文	士林靜思書軒			111 臺北市士林區文昌路 69 號	
		人文	人文志業中心‧關渡志業園區	20050101		112 臺北市北投區立德路 2 號 中文期刊、靜思人文	書軒、大愛電視、倉儲、經典雜誌
	A	社區道場	內湖聯絡處			114 臺北市內湖區成功路五段 168 號	靜思小築
		社區道場	板橋志業園區（靜思堂）			220 新北市板橋區大觀路二段 265 巷 5 號	靜思小築、慈濟大學社教中心

地區	AB	建築分類	名稱	啟用	據點戶數	代表地址	其他
		社區道場	汐止聯絡處			221 新北市汐止區福德一路 392 巷 50 號	靜思小築
		社區道場	雙溪共修處			227 新北市雙溪區牡丹村中正路 35 號 3 樓	
		社區道場	澳底共修處			228 新北市貢寮區仁里村仁和路 218 號 2 樓	
	A	醫療	臺北新店慈濟醫院（靜思堂）	20050508		231 新北市新店區建國路 289	號靜思書軒
	A	社區道場	永和聯絡處			234 新北市永和區中山路 1 段 130 號	
	A	社區道場	雙和聯絡處（靜思堂）			235 新北市中和區中山路三段 41 號	靜思小築
	B	人文	中和靜思小築			235 新北市中和區連城路 160-1 號 2F	
	A	社區道場	海山聯絡處	20040120		236 新北市土城區中央路 3 段 42 號之一 5 樓	
	A	慈善	清水小學			236 新北市土城區 綠建築. 教室 46	331(921) 地震 .SRC.
	B	社區道場	三峽園區			237 新北市三峽區 介壽路一段 498 號	三峽園區靜思小築
	B	社區道場	鳳鳴共修處			239 新北市鶯歌區鳳鳴里永和街 184 號	
	A	社區道場	三重志業園區（靜思堂）			241 新北市三重區中正北路 450 號 協力樓、環保教育站	靜思小築、合心、和氣、互愛
	A	社區道場	新泰聯絡處			242 新北市新莊區新泰路 413 巷 18 號 B1F	靜思小築
		人文	林口靜思書軒			244 新北市林口區佳林路 166 號 1 樓	靜思書軒
	A	社區道場	蘆洲聯絡處（靜思堂）			247 新北市蘆洲區長榮路 125 號	靜思書軒、慈濟大學社教中心
	B	社區道場	環保教育站				
	B	社區道場	社區環保點		43		
桃園縣	A	社區道場	中壢志業園區			320 桃園縣中壢市環市東路 701 號	靜思書軒
	A	社區道場	中壢聯絡處			320 桃園縣中壢市山路 493 號	靜思小築
	A	教育	楊心小學 200208			326 桃園縣楊梅鎮	（回收建材）簡易教室 4 間
	A	社區道場	桃園統領靜思書軒			330 桃園市中正路 61 號 8 樓	靜思書軒
	A	社區道場	桃園支會			330 桃園市永安路 189 號 7 樓	靜思小築
	A	社區道場	蘆竹分會（靜思堂）	20061228		330 桃園市大業路一段 307 號	靜思書軒、慈濟大學社教中心
	B	社區道場	環保教育站		28	338 桃園縣蘆竹鄉中正路 255 3 樓	
	B	社區道場	社區環保點		257		
新竹縣	B	人文	新竹靜思小築			300 新竹市中華路 5 段 208 巷 20 號	靜思堂、靜思小築
	A	社區道場	新竹聯絡處（靜思堂）			300 新竹市中華路 5 段 208 巷 20 號	靜思書軒
	A	社區道場	竹北靜思書軒	20140104		302 新竹縣竹北市北縣政 2 路 60 號 1 樓	靜思書軒
	A	社區道場	竹東共修處			310 新竹縣東鎮文林路 168 號	環保教育站
	A	慈善	大愛屋		1	新竹縣	道格颱風
	B	社區道場	環保教育站		16		

地區	AB 建築分類	名稱	據點戶數	代表地址	啟用	其他
	B	社區環保點	308			
中區						
苗栗縣	B 人文	竹南靜思小築		350 苗栗縣竹南鎮 光復路 73 號	20050619	
	B 社區道場	後龍共修處		356 苗栗縣後龍鎮信義街 57-1 號		
	B 社區道場	苑裡共修處		360 苗栗縣苑裡鎮中山路 321 號		
	B 社區道場	苗栗聯教處	8	360 苗栗市福星裡中華路 243 號		靜思書軒
	B 社區道場	環保教育站				
	B 社區道場	社區環保點				
台中縣	A 慈善	大愛屋	118	402 台中市復興路戰基處	19991231	921 組合屋
	A 社區道場	台中分會會所（靜思堂）		403 台中市民權路 314 巷 2 號	19921031	（新＋舊）靜思小築
	B 社區道場	東大園區		407 台中市西屯區國安二路 60 號		
	B 社區道場	逢甲共修處		407 台中市西屯區西屯路 2 段 269 之 43 號		靜思小築
	B 社區道場	西屯逢甲共修處		407 台中市西屯區西屯路 2 段 269 之 43 號	20130113	靜思書軒
	A 社區道場	台中分會（靜思堂）		408 台中市南屯區豐樂裡文心南路 113 號		
	A 慈善	太平國中		411 台中縣太平區	20020922	921
	A 慈善	太平小學		411 台中縣太平區	20011027	921
	A 慈善	塗城小學		412 台中縣大裡區	20020204	921
	A 慈善	大裡高中 20010715		412 台中縣大裡區		921
	A 慈善	瑞城小學 20010929		412 台中縣大裡區		921
	A 社區道場	大裡共修處		412 台中縣大裡區國中路 176 巷 14 號		921
	A 慈善	大愛屋	283	412 台中縣大裡區市仁化路	19991231	921 組合屋
	A 慈善	五福小學		413 台中縣霧峰區	20010511	921
	B 慈善	霧峰小學		413 台中縣霧峰區	20010503	921
	A 慈善	桐林小學		413 台中縣霧峰區	20010827	921
	A 慈善	僑榮小學		413 台中縣霧峰區	20020314	921
	A 慈善	豐東國中		420 台中縣豐原區	20010805	921
	A 慈善	大愛屋	30	413 台中縣霧峰鄉吉峰西路	19991231	921 組合屋
	A 慈善	萬佛寺	1	413 台中縣霧峰鄉	19991231	簡易寺廟
	A 慈善	霧峰消防隊	7	413 台中縣霧峰	19991231	簡易建築
	B 社區道場	豐原靜思堂		420 台中縣豐原區自強南街 77 號	200612--	靜思書軒、慈濟大學社教中心
	A 慈善	大愛屋	78	420 台中縣豐原區豐洲路 +426 新社東興路	19991102	組合屋
	A 慈善	大愛屋	56	420 台中縣豐原市豐洲路	19991231	921 組合屋
	B 社區道場	后里聯絡處		421 台中市后里區甲后路 1197 號	19991231	

地區	AB	建築分類	名稱	啟用	據點戶數	代表地址	其他
	A	慈善	石岡小學	20010820		422 台中縣石岡區	921
	A	慈善	東勢小學	20011110		423 台中縣東勢區	921
	A	慈善	東勢國中	20020217		423 台中縣東勢區	921
	A	慈善	東新小學	20021112		423 台中縣東勢區	921
	A	社區道場	東勢聯絡處（靜思堂）	20110312		423 台中市東勢區三民街 199 號	靜思小築、環保教育站、佛堂、教室、辦公及會議室、齋堂及大眾
	A	慈善	大愛屋	19991231	50	423 台中縣東勢鎮林管處	921 組合屋
	A	慈善	東勢消防隊	19991231	9	423 台中縣東勢	921 簡易建築
	A	慈善	雙崎派出所	19991231	2	424 台中縣和平鄉	921 簡易建築
	A	慈善	新社小學	20010117		426 台中縣新社區	921
	A	慈善	大愛屋	19991231	22	426 台中縣新社鄉東興路	921 組合屋
	A	醫療	台中潭子慈濟醫院	20070113		427 台中市潭子區豐興路一段 66 號	靜思書軒
	A	社區道場	台中港區聯絡處			433 台中市沙鹿區南路 2 段 472 號	靜思書軒
	A	社區道場	清水靜思堂	20080115		436 台中市清水區社五權路 267 號	靜思書軒、慈濟大學社教中心
	A	教育	大甲國民小學			437 台中市大甲區社裡新政路 460 號	靜思小築
	B	社區道場	環保教育站	20110907	39	437 台中市大甲區育德路 233 號	臨時教室 5
	B	社區環保點					
南投縣	A	慈善	大愛屋	19991231	164	540 南投縣南投市德興棒球場	921 組合屋
	A	慈善	大愛屋	19991231	52	540 南投縣南投市文化路	921 組合屋
	A	慈善	中興國中	20010810		540 南投縣南投市	921、51 所（南投 33 所、台中 15 所、嘉義 2 所、臺北 1 所）
	A	慈善	南投小學	20011128		540 南投縣南投市	921
	A	慈善	漳和小學	20010630		540 南投縣南投市	921
	A	慈善	南投國中	20020411		540 南投縣南投市	921
	A	慈善	平和小學	20021225		540 南投縣南投市	921
	A	慈善	南投小學	19991208		540 南投縣南投市	簡易教室 25 間
	B	慈善	南投高中	19991231		540 南投縣南投市	三層樓學生宿舍整修
	A	慈善	爽文國中	20010428		541 南投縣中寮鄉	921
	A	慈善	至誠小學	20010324		541 南投縣中寮鄉	921
	A	教育	慈濟大學草屯社教中心			542 南投縣草屯鎮中正路 568-23 號	慈濟大學社教中心,旭光中學
	A	慈善	旭光高中	20011220		542 南投縣草屯鎮	921
	A	慈善	中原小學	20020129		542 南投縣草屯鎮	921
	A	慈善	炎峰小學	20030418		542 南投縣草屯鎮	921
	A	慈善	僑光小學	20011214		542 南投縣草屯鎮	921
	A	慈善	大愛屋	19991231	150	542 南投縣草屯鎮太平路	921 組合屋

地區	AB	建築分類	名稱	據點戶數	啟月	代表地址	其他
	A	慈善	廣輪精舍	4	19991231	542 南投縣草屯鎮	921 簡易寺廟
	A	社區道場	草屯聯絡處			542 南投縣草屯鎮碧山路 859 號	靜思小築
	A	慈善	草屯商工		19991125	542 南投縣草屯鎮	簡易教室 25 間、餐廳 1 間
	A	慈善	福龜小學		20010524	544 南投縣國姓鄉	921
	A	慈善	北山小學		20010920	544 南投縣國姓鄉	921
	A	慈善	北港小學		20011117	544 南投縣國姓鄉	921
	A	慈善	國姓國中		20020105	544 南投縣國姓鄉	921
	A	慈善	國姓國中		20011228	544 南投縣國姓鄉	921 簡易辦公室 3 間
	A	慈善	幹峰小學		19991130	544 南投縣國姓鄉長豐村	921 組合屋
	A	慈善	大愛屋	40	19991231	544 南投縣國姓鄉福龜村	921 組合屋
	A	慈善	大愛屋	28	19991231	544 南投縣國姓鄉幹溝村	921 組合屋
	A	慈善	大愛屋	16	19991231	544 南投縣國姓鄉石門村	921 組合屋
	A	慈善	大愛屋	36	19991231	544 南投縣國姓鄉	921 組合屋
	A	慈善	東方淨苑	4	19991231		921 簡易寺廟
	A	慈善	幹峰社區守望相助亭	1	19991231	544 南投縣國姓鄉幹峰社區	921 簡易建築
	A	慈善	石門臨時圖書館	9	19991231	544 南投縣國姓鄉石門	921 簡易建築
	A	社區道場	埔裡聯絡處		20011129	545 南投縣埔裡鎮西門里中正一路 100 號	靜思小築
	A	慈善	埔裡小學		20010930	545 南投縣埔裡鎮	921
	A	慈善	埔裡國中		20011123	545 南投縣埔裡鎮	921
	A	慈善	大成小學		20011123	545 南投縣埔裡鎮	921
	A	慈善	大成國中		20010523	545 南投縣埔裡鎮	921
	A	慈善	桃源小學		20020225	545 南投縣埔裡鎮	921
	A	慈善	中峰小學		200304—	545 南投縣埔裡鎮	簡易教室 14 間
	A	慈善	溪南小學		19951101	545 南投縣埔裡鎮	木屋教室 5 間
	A	慈善	大成國中		20010115	545 南投縣埔裡鎮西安路	（回收建材）簡易教室 12 間
	A	慈善	虎山托兒所		20010523	545 南投縣埔裡鎮信義路	921 組合屋
	A	慈善	桃源小學		19991231	545 南投縣埔裡鎮中正一路	921 組合屋
	A	慈善	大愛屋	106	19991231	南投縣仁愛鄉、埔裡鎮、信義鄉	921 組合屋
	A	慈善	大愛屋	320	19991231	546 南投縣仁愛鄉力行村	道格颱風
	A	慈善	大愛屋	20	19970309	552 南投縣集集鎮	1994 年道格颱風
	A	慈善	大愛屋	19	20010326	552 南投縣集集鎮	921
	A	慈善	集集小學	35	20010705	552 南投縣集集鎮初中街	921
	A	慈善	集集國中		19991107	552 南投縣集集鎮初中路	興建組合屋
	A	慈善	大愛屋	126	19991231	552 南投縣集集鎮兵整中心	921 組合屋
	A	慈善	大愛屋	138	19991231		921 組合屋
	A	慈善	東光小學	100	20010601	555 南投縣魚池鄉	921

地 區	AB 建築分類	名 稱	據點戶數	代表地址	啟用	其 他
	A 社區道場	竹山聯絡處（靜思堂）		557 南投縣竹山鎮	20140701	
	A 慈善	社寮國小		557 南投縣竹山鎮	20010429	921
	A 慈善	社寮國中		557 南投縣竹山鎮	20010331	921
	A 慈善	延平小學		557 南投縣竹山鎮	20010504	921
	A 慈善	竹山小學		557 南投縣竹山鎮	20010715	921
	A 慈善	中州小學		557 南投縣竹山鎮	20011227	921
	A 慈善	竹山高中		557 南投縣竹山鎮	19991104	921 組合宿舍 30
	A 慈善	明善寺	4	557 南投縣竹山鎮	19991231	921 簡易寺廟
	A 慈善	鹿穀小學		558 南投縣鹿穀鄉	20010625	921
	B 社區道場	環保教育站				
	B 社區道場	社區環保點	10			
彰化縣	A 社區道場	彰化分會（靜思堂）		504 彰化縣秀水鄉鶴鳴村彰鹿路 626 號	20030126	靜思書軒、慈濟大學社教中心
	社區道場	員林聯絡處		510 彰化縣員林鎮員東路一段 465 號		靜思小築
	B 社區道場	環保教育站	26			
	B 社區道場	社區環保點	247			
南區 雲林縣	A 慈善	大愛屋	14	640 雲林縣鬥六市大學路	19991231	921 組合屋
	A 醫療	大林慈濟醫院鬥六門診中心		640 雲林縣鬥六市雲林路二段 248 號	20031021	靜思書軒
	A 慈善	東和國中		646 雲林縣古坑鄉	20120830	臨時教室 15、辦公室 5 校舍老舊
	A 社區道場	西螺（靜思堂）		648 雲林縣西螺鎮		靜思小築
	B 社區道場	北港聯絡處		651 雲林縣北港鎮華勝路 679 號		
	B 社區道場	環保教育站	10			
	B 社區道場	社區環保點	103			
嘉義縣	A 社區道場	嘉義志業園區		600 嘉義市博愛路 2 段 469 巷 19 號		
	A 社區道場	嘉義聯絡處（靜思堂）		600 嘉義市彌陀路 26 號		（新＋舊）靜思小築、慈濟大學社教中心
	A 慈善	民和國中		602 嘉義縣番路鄉	20010531	1022(921)地震
	A	大愛屋	1	615 嘉義縣六腳鄉雙涵村		1995 年照顧戶重建
	A 慈善	大吉國中		621 嘉義縣民雄鄉	20010530	1022(921)地震
	A 醫療	大林慈濟醫院		622 嘉義縣大林鎮民生路 2 號	20000813	靜思書軒
	B 社區道場	環保教育站	16			

地區	A/B	建築分類	名稱	啟用	據點戶數	代表地址	其他
	B		社區環保點		153		靜思書軒
台南縣							
	A	社區道場	安平聯絡處			708 台南市安平區國平路 211 號	
	A	教育	台南慈濟高級中學（中學部）	20070829		708 台南市安平區建平五街 111 號	
	A	教育	台南慈濟高級中學（小學部）	20072822		708 台南市安平區文平路 95 號	
	A	慈善	玉井慈濟大愛園區	20100803	26	714 台南縣玉井鄉	2008 年莫拉克颶風
	A	社區道場	玉井活動中心			714 台南縣玉井鄉	2008 年莫拉克颶風
	A	慈善	玉井國中校舍	20100505		714 台南縣玉井鄉	0304 甲仙地震，簡易教室 15
	A	社區道場	台南分會（靜思堂）			717 台南市仁德區仁義路 222 號	台南靜思小築、慈濟大學社教中心、大愛幼稚園
	A	社區道場	佳裡聯絡處			722 台南市佳裡區民安裡同安寮 76-1 號	
	B	社區道場	新營共修處			730 台南市新營區長榮路一段 378 號	
	B	人文	下營環保站			735 台南市下營區中山路下營國中旁	
	B	社區	道場善化聯絡處			741 台南市善化區台一線小新裡 348 號	
	B	社區	道場環保教育站		28		
	B	社區	道場社區環保點		257		
高雄縣							
	A	人文	高雄善舍環保站			802 高雄市苓雅區正義路 12 號之 1	
	B	社區道場	高雄市府和氣聯絡點			802 高雄市苓雅區成功一路 45 號	
	A	社區道場	苓雅共修處			802 高雄市苓雅區苓雅一路 2 號	
	B	社區道場	鹽埕共修處			803 高雄市鹽埕區必信街 150 號	
	B	社區道場	鼓山志業園區			804 高雄市鼓山區油化街 36-1 號	
	A	社區道場	高雄志業園區（分會．靜思堂）	20060916		807 高雄市三民區河堤南路 50 號	靜思書軒、慈濟大學社教中心、環保教育站
	A	社區道場	小港聯絡處（靜思堂）			812 高雄市小港區	
	A	慈善	烏林小學	20021202		814 高雄縣仁武鄉 /921（回收建材）	簡易教室 11 間
	A	社區道場	岡山志業園區			820 高雄市岡山區岡山北路 6 號	靜思小築、慈大社教、佛堂、大講堂、文史館、社教大樓
	A	慈善	大愛屋		3	820 高雄市岡山鎮	道格颶風
	A	慈善	大愛屋		1	821 高雄縣路竹鄉	道格颶風
	A	社區道場	鳳山聯絡處			830 高雄市鳳山區自由路 417-6 號	靜思小築
	A	社區道場	大寮共修處（靜思堂）			831 高雄市大寮區三隆路 299 號	
	A	社區道場	旗山聯絡處			842 高雄市旗山區旗文路 123-8 號	
	A	慈善	吉東小學	20130728		843 高雄縣美濃區 14 間臨時教室	
	B	社區道場	杉林聯絡處			846 高雄市杉林區月眉裡大愛路 3 號	
	A	慈善	杉林慈濟大愛園區	20100210	1002	846 高雄縣杉林鄉	2008 年莫拉克颶風，

地區	AB	建築分類	名稱	啟用	據點戶數	代表地址	其他
	A	慈善	杉林民族大愛小學			846 高雄縣杉林鄉	六塊共 1276 戶、08 年莫拉克、圖書館、活動中心、運動場、幼稚園托兒所
	A	慈善	杉林活動中心		3	846 高雄縣杉林鄉	2008 年莫拉克、4 戶耆老房、4 棟社區教室、2 棟教室
	A	慈善	甲仙小學	20100908		847 高雄市甲仙區文化路 45 號	臨時教室 12 及辦公室 2
	B	社區道場	環保教育站	50			
	B	社區道場	社區環保點	667			
屏東縣	A	慈善	高樹慈濟大愛園區	20100419	8	906 屏東縣高樹鄉新豐村	2008 年莫拉克颱風
	A	社區道場	鹽埔聯絡處			907 屏東縣鹽埔鄉新二村德協路 100 號	
	A	慈善	長治慈濟大愛園區	20100806	164	908 屏東縣長治鄉	2008 年莫拉克颱風
	A	社區道場	屏東分會（靜思堂）	19910412		908 屏東縣長治鄉中興路 83-1 號	靜思小築
	A	社區道場	潮州聯絡處（靜思堂）	20111023		920 屏東縣潮州鎮永春裡志成路 46 號	
	A	慈善	來義慈濟大愛園區	20120115	56	922 屏東縣來義鄉	2008 年莫拉克颱風
	A	社區道場	琉球共修處	20050501		929 屏東縣琉球鄉	
	A	社區道場	東港聯絡處（靜思堂）	20111023		928 屏東縣東港鎮興東裡海治海路 171 號	
	A	慈善	滿州慈濟大愛園區	20120920	20	947 屏東縣滿州鄉	莫拉克 8 ＋海棠 10
	A	慈善	滿州活動中心	20120920	1	947 屏東縣滿州鄉	
	B	社區道場	環保教育站		22		
	B	社區道場	社區環保點		206		
離島 彭湖縣	A	社區道場	彭湖共修處				
	B	社區道場	環保教育站		1		
	B	社區道場	社區環保點		12		
福建省金門縣	A	社區道場	金門共修處			893 金門縣金城鎮民權路 90 號之 6 號 2 樓	
	B	社區道場	環保教育站		0		
	B	社區道場	社區環保點				

項次說明：

地區：
以全球為範圍，並分臺灣、大陸、印尼（興建大愛屋及學校最多之區域）及全球。排序大致由東向西，由北向南。

內容：包含
1.賑災援建之大愛屋及學校，
2.社區道場聯絡點（花蓮本會，總會，分會，支會，聯絡處，聯絡點）
3.四大志業志體（醫院，義診中心，健診中心，洗腎中心，幼稚園，小學，國中，高中，大學，慈大社教中心，人文學校，人文志業中心，環保科技園區），
4.靜思書軒及小築，
5.環保教育站及社區環保點（數量）。

慈濟建築分類：
分五類。分三類。分A、B類。

名稱：
隨著因緣的轉變，或習慣會有不同。

啟用：
1、指靜思堂或第一批新建建築，之啟用、完工、入住、第一次使用。
2、年月日。

據點：
1、（臺灣）指環保教育站、社區環保點以縣為單位的據點數量。"環保教育站"之數量可能與其它建築點重複計算。各指一個據點；花蓮靜思堂周邊、包含多個據點。
2、一宗土地一個據點，本會周邊，台中潭子慈濟醫院周邊，各指一個據點。

戶數：1指該據點所援建大愛屋的戶數。

資源來源：[3]、[11]、[16]1-2-628,629,638,639,640,641,642,643,644,645,663,669、[22]158、[23]、調查。

327

附錄 B 慈濟建築──中國大陸──無量一生

地區	AB	建築分類	名稱	啟用	據點戶數	代表地址	其他
亞洲 - 中國大陸							
黑龍江省（黑）、吉林省（吉）、遼寧省（遼）							
	A	慈善	海城後雙慈濟小學	199609--		遼寧省鞍山市海城市	
河北省（冀）							
	A	慈善	大愛屋	19960824	79	河北省張家口市	扶困。（東粟子鎮紅旗營村）
	A	慈善	皆山慈濟中學	199911--		河北石家莊井陘縣	
	A	慈善	泉水小學	199706--	1		
	A	慈善	土岸小學	199706--	1		
	A	慈善	東高小學	199706--	1		
北京市（京）							
	B	社區道場	北京聯絡處			北京市東城區東花市大街 118 號甲 3-7	
	B	社區道場	北京羅馬花園聯絡點			北京市朝陽區惠新西街 18 號羅馬花園 B 座 606 室	
	B	人文	北京靜思書軒			北京市東城區東花市大街 118 號北京市策苑甲 3-7 號	
天津市（津）							
	B	社區道場	天津聯絡處			天津市南開區東馬路 131 號仁恒海河廣場 1-3-102 號	
江蘇省（蘇）							
	A	慈善	蘇州慈濟志業園區	20130327		江蘇省蘇州市	靜思書院、慈善事業基金會 健康促進中心 (20120909)
	B	社區道場	慈濟基金會大陸總部			江蘇省蘇州市姑蘇區景德路 367 號	
	B	社區道場	江蘇昆山聯絡處			江蘇省昆山市青陽南路 285 號	
	B	社區道場	慈濟昆山環境教育基地	20130618		江蘇省昆山市	印尼金光集團提供亞金企業園區
	B	社區道場	江蘇杭州聯絡處			江蘇省杭州市清泰街 509 號 1401 室	
	B	人文	江蘇南京聯絡處			江蘇省南京市廣州路 140 號隨園大廈 16 樓	
	B	人文	蘇州紅星店靜思書軒			江蘇省徐州市上城區建國南路 280 號 1 樓	
	A	慈善	蘇州景德店靜思書軒			江蘇省蘇州市景德路 367 號	
	A	慈善	大愛屋	19920608	568	江蘇省蘇州市興化市	1991 華中華東水患。
	A	慈善	海南鎮蔡高村敬老院	19920608	148	江蘇省泰州市興化市	華中華東水患。校舍
	A	慈善	新城慈濟小學	19930915		江蘇省泰州市興化市	華中華東水患。校舍
	A	慈善	戴窯慈濟中學	19930915		江蘇省泰州市興化市	華中華東水患。校舍
	A	慈善	周莊慈濟中學	19930915		江蘇省泰州市興化市	華中華東水患。校舍

地區		建築分類	名稱	樓點戶數	啟用	代表地址	其他
	A	慈善	湯朱慈濟中學		19930915	江蘇省泰州市興化市	華中華東慈悲。校舍
	A	慈善	周奮慈濟中學		19930915	江蘇省泰州市興化市	華中華東慈悲。校舍
	A	慈善	舍陳慈濟小學		19930915	江蘇省泰州市興化市	華中華東慈悲。校舍
	A	慈善	嚴家慈濟小學		19930915	江蘇省泰州市興化市	華中華東慈悲。校舍
	A	慈善	東飽慈濟小學		19930915	江蘇省泰州市興化市	華中華東慈悲。校舍
	A	慈善	西飽慈濟中學		199509--	江蘇省泰州市興化市	扶困。校舍
上海市（滬）	B	社區道場	上海長鳳聯絡處			上海市普陀區大渡河路168弄22號H棟	靜思書軒
	B	社區道場	上海浦東聯絡處			上海市浦東新區東方路738號16樓1601室	
	B	社區道場	上海嘉定聯絡處			上海市嘉定區馬陸鎮寶安公路2770號	
	A	慈善	東方肝膽醫院慈濟樓		20000607		尹衍梁及杜俊元夫同捐建病房大樓
	A	慈善	楊浦敬老院		20110917		
浙江省（浙）	B	社區道場	浙江義烏聯絡處			浙江省義烏市凌雲二區8幢1號3樓	
福建省（閩）	B	社區道場	福建廈門聯絡處			福建省廈門市湖裡區五緣灣商業街二期B區B3棟	
	B	社區道場	福建福州聯絡處			福建省福州市五一中路49號先施大廈月座4樓	
	B	社區道場	福建福鼎聯絡處		20040923	福建省福鼎市星火工業園區星火路3號	
	B	慈善	福鼎慈濟醫院			福建省寧德市福鼎市	
	B	人文	廈門湖裡店靜思書軒			福建省廈門市湖裡區興隆路582號	
	B	人文	廈門五緣灣靜思書軒			廈門市五緣灣福建省廈門市五緣灣商業街B區B3棟	
	B	人文	廈門思明店靜思書軒			福建省廈門市思明區禾祥西路12號103店面	
	A	慈善	大愛屋	203	2006至07	福建省南平市順昌縣（3處），漳浦縣	洪患。上鳳慈濟大愛村
	A	慈善	大愛屋	400	20120103	福建省順昌縣洋口鎮	1996 賀伯颱風
	A	慈善	福鼎前岐慈濟小學		20000819	福建省寧德市福鼎市	南雅鎮
	A	慈善	南雅鎮房村慈濟小學		20000819	福建省南平市建甌市	
廣東省（粵）	B	社區道場	廣東天河聯絡處			廣東省廣州市天河區華景路33號	
	B	社區道場	廣東佛山松崗聯絡處			廣東省佛山市南海區松崗鎮工業大道北5號	歐蒂飾品公司
	B	社區道場	廣東東莞聯絡處			廣東省東莞市中堂鎮潢第三工業區（永磁電子）	
	B	社區道場	廣東深圳聯絡處			廣東省深圳市福田區八卦二路鵬益花園1號裙樓2樓	

地區	AB 建築分類	名稱	啟用	據點戶數	代表地址	其他
	B	社區道場	廣東廣州番禺聯絡處			廣東省廣州市番禺區石基鎮新興路4號	
	A	慈善	大愛屋	2006至07	155	廣東省梅州市大埔縣.乳源縣	碧麗斯颱風(水患)
	A	慈善	和平縣四聯中學	20090529		廣東省河源市和平縣	05年620水災.學生宿舍。
香港特別行政區							
	B	人文	環保據點		17		Che Kung Miu Road,Tai Wai, Shatin,N.T
	B	社區道場	大園聯絡處			新界沙田大圍車公廟道5號5	
	B	社區道場	天水圍聯絡處			香港新界天水晴邨天晴邨社區綜合服務大樓504室	
	B	社區道場	香港分會	1993		香港九龍塘沙福道12號	
	B	社區道場	灣仔聯絡處			香港灣仔道187號景星大廈1樓D室	
河南省(豫)							
	A	慈善	大愛屋	199211--	159	河南省信陽市固始縣.息縣	華中華東水患
	A	慈善	馬野莊慈濟小學	20000430	4	河南省新鄉縣長栢縣苗寨鎮	
	A	慈善	固始慈濟中學	20000820		河南省信陽市固始縣	
	A	慈善	學校				
安徽省(皖)							
	A	慈善	大愛屋	19920104	945	安徽省滁州市全椒縣	華中華東水患
	A	慈善	官渡慈濟小學	19920909		安徽省滁州市全椒縣	華中華東水患。校舍
	A	慈善	官渡慈濟中學	19920909		安徽省滁州市全椒縣	華中華東水患。校舍、文化中心。
	A	慈善	全椒慈濟中學	199809--		安徽省滁州市全椒縣	華中華東水患。校舍、文化中心。二期於200108啟用。
	A	慈善	全椒縣慈濟高中	20051225		安徽省滁州市全椒縣	校舍。(秦崗村)
	A	慈善	丁招慈濟小學	19920909		安徽省	華中華東水患。校舍
	A	慈善	銅陵安平慈濟中學	199801--		安徽省銅陵市銅陵縣華中	華中華東水患。校舍
	A	慈善	宣州朱橋鄉慈濟中心小學	200108--		安徽省宣城市宣州區	水患。校舍
	A	慈善	郎溪縣城東慈濟中心小學	200108--		安徽省宣城市郎溪縣	水患。校舍
	A	慈善	敬老院	19920909	10	安徽省滁州市全椒縣	華中華東水患。
湖北省(鄂)							
	B	社區道場	湖北武漢漢口三陽聯絡處	199710--		湖北省武漢市江岸三陽路三陽廣場B座907室	
	A	慈善	武漢慈濟兒童福利院			湖北省武漢市武昌區	扶困.醫療.康復.教學.娛樂.收養.科研等綜合大樓。
江西省(贛)							
	A	慈善	大愛屋	199612--	58	江西省九江市都昌縣(2個社區)	水患。(左裡鄉傅橋村汪家嘴、瓣溪鄉馬龍石山源)

地區	AB 建築分類		名稱	據點戶數	代表地址	啟用	其他
	A	慈善	蔡嶺慈濟完全中學		江西省九江市都昌縣	199612--	水患。
	A	慈善	大港慈濟小學		江西省九江市都昌縣	19940511	大風冰雹成災。
	A	慈善	白竹慈濟小學		江西省宜春市袁州區飛劍潭鄉	19970920	
湖南省（湘）							
	A	慈善	大愛屋	63	湖南省岳陽縣華容縣	200003--	賀伯颱風。洪山頭鎮
廣西壯族（桂）							
	A	慈善	大愛屋	97	廣西壯族自治區桂市藤縣（3個社區）	199506--	水患。（和平鎮大心坡村、西江農場的蔔船山、秋風嶺）
甘肅省（甘）							
	A	慈善	大愛屋	18	甘肅省臨夏市東鄉族自治縣	2006--	2000年啟動長期扶困計畫
	A	慈善	大愛屋	210	甘肅省白銀市靖遠縣劉川鄉來窯慈濟大愛村	20110114	長期扶困計畫。岩笠鄉遷村第二期遷村遷往五合鄉白塔村，預計20141205完工
	A	慈善	大愛屋	300	甘肅省白銀市靖遠縣劉川鄉來窯村	20121205	教室、食堂、宿舍等
	A	慈善	劉川慈濟小學		甘肅省白銀市靖遠縣劉川鄉來窯村	20121206	
	A	慈善	水家慈濟小學			20040608	於水窖工程第六期至第七期間需援建
	A	慈善	三嶺慈濟小學			20050606	於水窖工程第九期後展開援建
四川省（川）							
	B	社區道場	成都聯絡處		四川省成都市溫江區光華大道三段天寶中街		
	B	社區道場	綿竹漢旺環保教育站		四川省綿陽市漢旺鎮凌法村一組		
	A	慈善	大愛屋	91	四川省德陽市中江縣（富興鎮光明村）	2008--	汶川地震。20080512。
	A	慈善	紅白鎮佛光寺	1	四川省德陽市什邡市	2008C907	汶川地震。簡易寺院。
	A	慈善	堂華鎮老鑾華寺（天宮禪院）	1	四川省德陽市什邡市	2008C801	汶川地震。簡易寺院。
	A	慈善	堂華鎮海會堂		四川省德陽市什邡市		汶川地震。簡易寺院。
	A	慈善	瀚氏鎮玉佛寺		四川省德陽市什邡市		汶川地震。簡易寺院。
	A	慈善	師古鎮聖觀音寺	1	四川省德陽市什邡市	2008C730	汶川地震。簡易寺院。
	A	慈善	東北鎮廣化禪院	1	四川省德陽市綿竹市	2008C801	汶川地震。簡易寺院。
	A	慈善	九龍鎮無隱寺		四川省德陽市綿竹市		汶川地震。簡易寺院。
	A	慈善	九龍鎮雲悟寺		四川省德陽市綿竹市		汶川地震。簡易寺院。
	A	慈善	小魚洞鎮鐵瓦寺	1	四川省成都市彭州市		汶川地震。簡易寺院。
	B	慈善	什邡洛水聯絡處	1	四川省什邡市洛水鎮通濟路慈濟洛水服務中心		汶川地震。
	B	慈善	綿竹漢旺聯絡處		四川省什邡市洛水鎮通濟路慈濟洛水服務中心		汶川地震。
	A	慈善	什邡市洛水八一小學		四川省德陽市什邡市洛水鎮	2008C718	汶川地震。簡易教室。
	A	慈善	什邡市洛水中學		四川省德陽市什邡市	2008C731	汶川地震。簡易教室。

地區	AB 建築分類	名稱	啟用	據點戶數	代表地址	其他
	A 慈善	什邡市洛水慈濟中學	20100902		四川省德陽市什邡市	汶川地震。校舍。
	A 慈善	什邡市靈傑中學	20080715		四川省德陽市什邡市	汶川地震。簡易教室
	A 慈善	什邡市洛水中心小學	20080724		四川省德陽市什邡市	汶川地震。簡易教室（合併八一小學）
	A 慈善	什邡市洛水慈濟小學	20100301		四川省德陽市什邡市洛水鎮	汶川地震。校舍。
	A 慈善	什邡市洛水鎮中心幼稚園	20100301		四川省德陽市什邡市洛水鎮	汶川地震。簡易教室
	A 慈善	什邡市洛水慈濟幼稚園	20100901		四川省德陽市什邡市	汶川地震。校舍。
	A 慈善	什邡市方亭中學	20100901		四川省德陽市什邡市	汶川地震。校舍。
	A 慈善	旌陽區孝泉中學	20100507		四川省德陽市旌陽區	汶川地震。校舍。教學樓啟用
	A 慈善	遊仙區經濟試驗區慈濟中小學	20100901		四川省綿陽市遊仙區	汶川地震。校舍。
	A 慈善	遊仙區朝陽中小學	20101119		四川省綿陽市遊仙區	汶川地震。簡易教室
	A 慈善	遊仙區小（木見）溝鎮小（木見）中學	20101119		四川省綿陽市遊仙區	20101119 奠基
	A 慈善	名山縣第一中學	20101119		四川省雅安市名山縣	汶川地震。校舍。
	A 慈善	名山縣前進鄉中心小學	20101119		四川省雅安市名山縣	汶川地震。校舍。
	A 慈善	金堂縣韓灘小學	20101119		四川省成都市金堂縣	汶川地震。校舍。
	A 慈善	金堂縣楊柳小學	20101119		四川省成都市金堂縣	汶川地震。校舍。
	A 慈善	邛崍市牟禮鎮永豐小學幼稚園	20101119		四川省成都市邛崍市	汶川地震。校舍。
	A 社區道場	什邡大愛感恩慈恩保科技園	20101119		四川省德陽市什邡市	20101119 奠基
貴州省（貴）	A 慈善	大愛屋	200210–	368	貴州省貴陽市花溪區	長期扶困（擺龍村）花溪區 2 處 + 羅甸縣 5 處 + 茱雲縣 1 處 = 401
	A 慈善	大愛屋	20071011	32	貴州省黔南布依族苗族自治州羅甸縣	（董架鄉上翁井、平岩鄉心慈濟新村）（松山鎮、那王）
	A 慈善	大愛屋	201310041	18	貴州省安順市茱雲苗族布依族自治縣 2 個社區	
	A 慈善	大愛屋			貴州省遵義縣鳳岡縣危房	改建。（東鄉村）
	A 慈善	丹寨縣烏灣慈濟小學	199901–		貴州省黔東南苗族侗族自治州丹寨縣	
	A 慈善	平岩小學生宿舍	20071011		貴州省黔南布依族苗族自治州羅甸縣	
	A 慈善	學校		4 所		
雲南省（雲）	B 社區道場	雲南昆明聯絡處			昆明市五華區人民中路傲城大廈 B 座 7 樓 200 號房	
新疆維吾爾（新）	A 慈善	克孜克江巴孜小學	20041209		維吾爾自治區喀什地區伽師縣	20030224 地震。
	A 慈善	提木小學	20041209		維吾爾自治區喀什地區伽師縣	20030224 地震。

項次說明：（詳臺灣）

附錄 C 慈濟建築——印尼——無量一生

地區	AB 建築分類	名稱	據點戶數	代表地址	啟用	其他
亞洲 -						
印尼 (Indonesia)						
	B 社區道場	環保據點	23			
	B 社區道場	山口洋聯絡點		Jl. Yos Sudarso No. 7B-7C Singkawang		
	B 社區道場	丹戎巴來吉汶聯絡點		Jl. Thamrin No.77, Tanjung Balai Karimun		
	B 社區道場	巴東聯絡點		Jl. DiponegoroNo. 19EF		
	B 社區道場	巴厘島聯絡點		Pertokoan Tuban Plaza No. 22 Jl. By Pass Ngurah Rai, Tuban Kuta, Bali		
	B 社區道場	比亞克聯絡點		Jl. Sedap Malam, Biak		
	B 社區道場	巴領旁聯絡點		Jl. Radial Komplek Ilir Barat No. D1 / 19-20 Palembang		
	B 人文	南雅靜思書軒		Blok M Plaza Lt. 3 No. 312-314		
	B 社區道場	楠榜聯絡點聯絡站		Jl. Ikan Mas 16/20 Gudang Lelang Bandar Lampung		
	A 慈善	大愛屋	100	魯布‧布阿雅街	20120802	扶困。
南蘇拉威西省 (Sulawesi Selatan)						
	A 慈善	大愛屋	500	錫江 (Maksar) 馬麗峻村 (Kel. Lette, Kec.Mariso, Makassar)	2008	扶困。
	A 慈善	大愛屋	75	錫江 (makasar). 馬麗峻村	20090318	扶困。
	B 社區道場	錫江聯絡處		Jl. Ahmad Yani Blok A/19-20, Makasar-Indonesia		
東爪哇省 (Jawa Timur)						
	B 社區道場	泗水聯絡處		Mangga Dua Center lt 1 big Space Jl: Jagir wonokromo 100 Surabaya		
日惹特區 (Yogyakarta)						
	A 慈善	傑提斯 (Jetis) 第一國立高中		日惹班圖爾 (Bantul) 縣傑提斯 (Jetic) 鎮	20070728	震災。「印尼日慈濟希望工程」
	A 慈善	傑提斯 (Jetis) 第一國立中學		日惹班圖爾 (Bantul) 縣傑提斯 (Jetic) 鎮	20070728	震災。「印尼日慈濟希望工程」
	A 慈善	傑提斯 (Jetis) 第一國立小學		日惹班圖爾 (Bantul) 縣傑提斯 (Jetic) 鎮	20070728	震災。「印尼日慈濟希望工程」
	A 慈善	德里摩約 (Trimulyo) 國立小學		日惹班圖爾 (Bantul) 縣傑提斯 (Jetic) 鎮	20070728	震災。「印尼日慈濟希望工程」
	A 慈善	仲卡蘭 (Jonggolan) 國立小學		日惹班圖爾 (Bantul) 縣傑提斯 (Jetic) 鎮	20070728	震災。「印尼日慈濟希望工程」
西爪哇省 (Jawa Barat)						
	B 社區道場	萬隆聯絡處		Jl. Ir. H. Juanda No.179 bandung		萬隆義診中心
	A 慈善	大愛屋	12	西爪哇省萬隆 (Bandung) 加密卡村 (Kampung Jamika, Bandung)	20090215	扶困。
	A 慈善	邦加冷安大愛國立小學		西爪哇	20100803	震災。
	A 慈善	芝凱督 (Cikadu) 慈濟小學		西爪哇省西萬隆縣新當可達鎮芝凱督村	20071103	
雅加達首都特區 (Jakarta)						

地區	AB	建築分類	名稱	據點戶數	啟用	代表地址	其他
	B	人文	卡布靜思書軒			Tzu Chi Center, BGM Boulevard Pantai Indah Kapuk Jakarta Utara	
	B	人文	印尼大愛台			Tzu Chi Center, Tower 2 Lt. 6, BGM Boulevard Pantai Indah kapuk, Jakarta Utara	
	B	社區道場	印尼分會			Tzu Chi Center PIK, DAAI Building 6F Jalan Boulevard Pantai Indah Kapuk Jakarta Utara	
	B	人文	珊瑚靜思書軒			Jl. Pluit Permai Raya No. 20 Jakarta Utara	
	B	教育	慈濟大愛幼稚園			Tzu Chi Center, Tower 2, Lt. 6, Jalan Boulevard Pantai Indah Kapuk, Jakarta Utara, 14470	
	A	教育	克瑪拉・巴央卡利幼兒園		20120716	雅加達門營語鎮（Menteng）教室 4、辦公室 1、廁所 2	
	A	社區道場	印尼分會（靜思堂）		20121007	Gedung ITC Manga Dua Lantai 6, Jalan Manga Dua Raya, Jakarta 11460	
	B	人文	椰風靜思書軒			Mal Kelapa Gading 1 Lt. 2 Unit 370-378	
	B	醫療	慈濟醫院			Perumahan Cinta Kasih Cengkareng	
	B	教育	金卡蓮大愛村慈濟中小學 200307...			Jl.Kamal Raya Outer Ring Road Cengkareng Timur Jakarta barat	紅溪河水患、教室 20 間、電腦、音樂、實習
	A	慈善	大愛一村一期	482	20030718	雅加達市	紅溪河水患
	A	慈善	大愛一村二期	618	20030825	雅加達市金卡蓮村（Cengkarang）	紅溪河水患
	A	慈善	金卡蓮老人院				紅溪河水患
	A	醫療	金卡蓮義診中心		20030825	雅加達市	紅溪河水患
	A	慈善	大愛二村一期	331	20050716	雅加達市	紅溪河水患
	A	慈善	大愛二村二期	269	20050717	雅加達市峇業拉紅溪漁村區	紅溪河水患
	A	慈善	阿爾阿斯利亞・奴魯亞・伊曼習經院			爪哇省茂物縣（Bogor）巴隆市（Parung）奴魯亞・伊曼習經院（Al Ashriyah, Nurul Iman）	紅溪河水患、26 間教室
	A	慈善	國立 23 初中 - 校內清真寺		20110601	雅加達東巴德曼干	
	A	慈善	大愛屋	138	20080606	雅加達市西巴德曼干村（Pademangan Barat）	扶困。20080515 起，不再舉辦啟用典禮，而是直接交屋
	A	慈善	大愛屋	100	20080606	雅加達市椰風新城	扶困
	A	慈善	大愛屋	82	20070718	雅加達卡裡德拉斯（Kalideres）卡瑪律（Kamal）區甘柏恩．北拉剛（Kampung Belakang）村	「扶困工程卡瑪律（Kamal）區重建建計畫」。
	A	慈善	大愛屋	24		雅加達卡裡德拉斯（Kalideres）卡瑪律（Kamal）區甘柏恩．北拉剛（Kampung Belakang）村	
	AB	慈善	大愛屋	43	20110617	雅加達紀鄰精區（Cilincing）	扶困
	A	慈善	大愛屋	13	20130704	雅加達卡蒂尼村老子街（Jalan Lautze）	
	A	慈善	阿爾姆達寨初中學校			雅加達（北雅加達卡布河口）	火災扶困

萬丹省 (Banten)

地區	AB	建築分類	名稱	據點戶數	啟用	代表地址	其他
	B	社區道場	當格朗聯絡點		20060916	Ruko Pinangsia Blok L No.22 Lippo karawaci Tangerang（Karawaci Office Park）	
	A	慈善	波利亞伊國立小學		20080802	萬丹省西冷市（Serang City)Kasemen	風災。

地 區	AB 建築分類	名 稱	啟用	據點戶數	代表地址	其 他
	A 慈善	斯利威嘉亞國立佛教大學	20100808		萬丹省巴格朗區	
廖內群島省 (Kepulauan Riau)						
	B 社區道場	巴淡聯絡點			Komplek Windsor Central Blok C No.7-8 Windsor Batam	
廖內省 (Riau)						
	B 社區	道場北乾巴盧聯絡點			Jalan Ahmad Yani No. 42 E-f Pekan Baru	
西蘇門答臘省						
	A 慈善	巴東第一國立高中	20100807		西蘇門答臘省巴東市 (Padang City)	震
北蘇門答臘省 (Sumatra Utara)						
	B 社區道場	棉蘭支會			Jl. Cemara Boulevard Blok G1 No. 1-3, Komplek Cemara Asri, Medan	
	A 慈善	百合慈濟大愛村	20130203	66	巴貢巷（Bakung）、丹戒巷（Tanjung）	火災
	A 慈善	那班西慈濟小學	200104--	1	蘇門答臘明古露縣巴沙亞藍、樂那班班長	2000 年地震，教室 13 間、辦公室、宿舍、廁所、洗手台
	A 慈善	勿老灣慈濟小學	200405--	3	棉蘭	貧困，教室 20 間
亞齊特區 (Aceh)						
	A 慈善	亞齊大愛一村	20051226	160	班達 亞齊 (Banda Aceh) 班德烈村	教員辦公室、圖書館、宿舍、廁所、貯物室
	A 慈善	亞齊大愛一村	20091213	716	班達亞齊	04122E 南亞地震海嘯。與 716 戶重複計算？
	A 慈善	亞齊大愛二村		850	班達亞齊 Neuheun	04122E 南亞地震海嘯。原大愛三村（班達亞齊）
	A 慈善	亞齊大愛三村			班達亞齊 Meurebo	04122E 南亞地震海嘯（尼宏）
	A 慈善	亞大愛一村幼稚園 TK Negeri 02	20061216		班達亞齊班德烈村 (Panterik)	04122E 南亞地震海嘯（美拉坡）
	A 慈善	亞齊大愛一村小學 SD Negeri 10	20061216		班達亞齊班德烈村	
	A 慈善	亞大愛一村中學 SMP Negeri 14	20061216		班達亞齊班德烈村	
	A 慈善	大愛二村幼稚園	20090713		班達亞齊 Neuheun	
	A 慈善	大愛二村小學	20081103		班達亞齊 Neuheun	
	A 慈善	大愛二村中學班達亞齊 Neuheun				
	A 慈善	亞齊大愛三村幼稚園	20090713		班達亞齊 Meurebo	
	A 慈善	亞齊大愛三村小學	20090713		班達亞齊 Meurebo	
	A 慈善	亞齊大愛三村中學	20090713		班達亞齊 Meurebo	

項次說明：（詳臺灣）

335

附錄 D 慈濟建築－全球－無量一生

地 區	AB 建築分類	名 稱	啟用	據點戶數	代表地址	其 他
亞洲－						
日本（Japan）						
	慈善	唐丹中小學、鵜住居中小學及幼稚園	110514			日本震災
	B 社區道場	日本分會	20011208		169-0072 東京都新宿區大久保 1-2-16	
韓國（Republic of Korea）						
	B 社區道場					
菲律賓（Philippines）						
	B 社區道場	環保據點		7		
	B 社區道場	三寶顏聯絡處	20000506		Unit 4 Dian Hap Bldg. F. Nunez St. Zamboanga City	
	B 社區道場	宿務聯絡處			1058 Hernan Cortes Street, Mandaue City, Cebu, Philippines	
	B 社區道場	菲律賓分會（靜思堂）	20080329		76 Cordillera St. corner Agno St. Barangay Dona Josefa, Quezon City Philippines	
	B 人文	慈濟馬里僅那環保教育站			No. 4 Azucena St. Barangay Fortune, Marikina City	
	A 慈善	大愛屋	20080729	1	怡朗省（Iloilo）.怡朗市（Iloilo City）	風神風災
	A 慈善	大愛屋	20110324	1	馬里僅那市杜瑪那建扶貧	扶貧
	A 慈善	大愛屋	20081020	1	馬尼拉（Manila）.教洛區（Tondo）.Pitong Gatang	扶貧
	A 慈善	大愛屋	2011--	1	馬尼拉聖據迷沙區	水患
	A 慈善	淡描戈國立中學	2012--	30	亞眉省	水患
	A 慈善	教堂	20080613	473	海燕風災災區，保和烏強震災區，三寶顏動亂災區	榴槤颱風 20131108 海燕颱風,簡易教室
	A 慈善	大愛屋	2014--	2700		簡易屋
馬來西亞（Malaysia）						
	B 社區道場	環保據點		967		
雪隆分會						
	B 人文	TCM 靜思軒			Lot L2-42, 2nd Flr, Tropicana City Mall, 3, Jalan SS20/27, 47400 Petaling Jaya, Selangor, Malaysia.	
	B 教育	八打靈社會教育推廣中心	20120401		61A, Jln SS25/2, Taman Bkit Emas, 47301 Petaling Jaya, Selangor, Malaysia 靜思書軒	

地區	AB	建築分類	名稱	啟用	據點戶數	代表地址	其他
	B	社區道場	山打根聯絡處			Bandar Indah, Block 11 Lot 2 & 3 , 2nd Floor , Mile , North Road, Sandakan, Sabah	
	B	社區道場	丹南聯絡處			Lot 1,Tingkat1,Jalan Toh Puan Hajjah Kusnah,Tenom Sabah	
	B	社區道場	巴生支會			74, Jalan Dato Dagang 24, Desa Idaman Ii, 41200 Klang, Selangor	
	B	教育	巴生社教教育推廣中心			3-1, Lrg Bt Nilam, BKT Tinggi, 41200, Klang	
	B	社區道場	巴生義診中心			68, Jalan Dato Dagang 24, Desa Idaman Ii, 41200 Klang, Selangor 巴生靜思書軒	
	B	社區道場	斗湖聯絡處			First Floor, TB8271, Perdana Square, Miles 3, Jalan Apas, 91000 Tawau, Sabah	
	B	社區道場	古晉支會			Lot8303-B306, 1st Floor, Lorong 7c, Jalan Datuk Abang Abdul Rahim, 93450 Kuching, Sarawak, Malaysia.	
	B	人文	古晉靜思書軒	20070101		152, Padungan Road, 93100 Kuching, Sarawak, Malaysia.	
	A	教育	吉隆坡大愛兒童教育中心			No.50&52, Jalan Pandan Indah 1/14, Pandan Indah,55100, KL	
	B	社區道場	吉隆坡義診中心			4th,No 221, Jln Pudu, 55100,KL	
	B	人文	吉隆坡靜思書軒			LG-01, Lower Ground Floor, Wisma Bukit Bintang, 28, Jalan Bukit Bintang, 55100 Kuala Lumpur	
	B	教育	亞庇社教教育推廣中心			Lot AF01, Lower Grd, Block A, Kompleks Karamunsing, 88300 Kota Kinabalu, Sabah, Malaysia 亞庇靜思書軒	
	B	社區道場	亞庇聯絡處			No. 202, Jalan Teluk Likas, 88805 Kota Kinabalu, Sabah. Malaysia.	
	B	社區道場	美里聯絡處			Lot 1279, 2nd Floor, Centre Point Commercial Centre, Jalan Melayu , 98000 Miri, Sarawak, Malaysia	
	B	社區道場	根地咳聯絡處			1st Floor, Lot 43, Adika commercial Centre,Block c, 89008 Keningau, Sabah, Malaysia.	
	B	社區道場	淡馬聯絡處			28E & 28F, 1st Flr, Jln Zabidin, 28400 Mentakab, Pahang, Malaysia 淡馬魯文德甲靜思書軒	
	B	社區道場	雪隆分會			55-57A,SS25/2,Tmn Bukit Emas, 47301, P.J, Malaysia	
	B	社區道場	勞勿聯絡處			2007080529&830 Tkt 2 Bandar Raub Perdana Jln Lipis Raub Pahang	
	B	社區道場	詩巫聯絡處			Lot 943, Block 6 STD56, Jln Chengal (1st Flr), 96000 Sibu, Sarawak, Malaysia	
	B	人文	蒲種靜思書軒			33-01, Jln Kenari 19A,BdrPuchong-Jaya,47170 Puchong, Selangor,Malaysia.	
	B	社區道場	關丹聯絡處			A71, 2nd Floor, Jalan Teluk Sisek. 25000 Kuantan, Pahang	
	A	慈善	公廁	20060717	10	巴哈拉島（Berhala Island）	
	A	慈善	公廁	20070814	10	巴哈拉島（Berhala Island）	
	A	教育	馬來西亞慈濟教育中心	20050509		No.8, Jalan Intan 7/2, Taman Intan, 86000 Kluang, Johor,	五層、幼稚園、人文學校、社推中心麻六甲分會
	B	社區道場	居鑾聯絡處			29, Jalan Putra 1/3, Bandar Putra, 85000 Segamat, Johor	
	B	社區道場	昔加末聯絡點				

地區	AB	建築分類	名稱	啟用	據點戶數	代表地址	其他
	B	人文	芙蓉靜思書軒			No.341, Jalan S2 B8, Section B, Uptown Avenue, Seremban 2, 70300 Seremban.	
	B	社區道場	芙蓉聯絡處			1839, Taman Ujong, Jalan Tok Ungku, 70100 Seremban, N.S.D.K.	
	B	社區道場	哥打丁宜聯絡處			No.21 Jalan Biru ,Taman Laksamana ,81900 Kota Tinggi, Johor, Malaysia	
	B	社區道場	麻六甲分會			7850, Lot 922 & 923, Kawasan Perindustrian Bt. Berendam Peringkat III (B), Batu Berendam, 75350 Melaka, Malaysia D48	麻六甲慈濟大愛幼稚園、麻六甲慈濟義診中心、麻六甲靜思書軒
	B	社區道場	淡邊聯絡處			PT 7000 (Ground Floor) Taman Indah 73000 Tampin	
	B	社區道場	麻坡支會			18-1 & 18-2, Jln Haji Jaib, 84000 Muar, Johor.	
	B	教育	麻六甲慈濟大學社教育推廣中心			7850, Lot 922 & 923, Kawasan Perindustrian Bt. Berendam Peringkat III (B), Batu Berendam, 75350 Melaka, Malaysia	
馬來西亞分會							
	B	社區道場	馬來西亞分會（靜思堂）	20030816		檳城	
	B	社區道場	大山腳聯絡處			22, Jalan Bukit Minyak Tiga, Taman Bukit Minyak, 14000 Bukit Mertajam, Pulau Pinang, Malaysia.	
	B	社區道場	太平聯絡點			2, Lorong 3(B), Tupai Light Industrial Area, 34000 Taiping, Perak Darul Ridzuan, Malaysia	
	B	社區道場	巴占聯絡點			No 81, Hala Tasek Timur 1, Taman Anjung Bercham Utara, 31400 Ipoh, Perak	
	B	社區道場	巴里文打聯絡處			63,65,67, Lorong 1/SS2, Bandar Tasik Mutiara, 14120 Simpang Ampat, Seberang Perai Selatan, Pulau Pinang, Malaysia	
	B	社區道場	北海支會			672, Jalan Sungai Puyu Off Taman Meranti, 13000 Butterworth, Pulau Pinang, Malaysia	
	B	教育	北海幼稚園			6, Lorong Molek 1, 13000 Bagan Ajam, Pulau Pinang, Malaysia	
	B	醫療	北海洗腎中心			6665, 6666 & 6667, Jalan Bagan Ajam, 13000 Butterworth, Pulau Pinang, Malaysia. 北海靜思書軒	
	B	社區道場	半港聯絡點			No 52, Salak Baru, Salak (u), 30150 Kuala Kangsar, Perak	
	B	社區道場	古來聯絡點			No.144 Jalan Kenanga 29/6, Taman Indahpura Kulai, 81000 Johor, Malaysia	
	B	社區道場	吉蘭丹支會			PT209&210, Jalan Pengkalan Chepa, 15400 Kota Bharu, Kelantan, Malaysia 吉蘭丹靜思書軒	
	B	社區道場	江沙聯絡點			No 52, Salak Baru, Salak (U), 30150 Kuala Kangsar, Perak.	
	B	社區道場	亞安順聯絡處			No 183-184, Lorong Penglima 3, Jalan Changkat Jong, Taman Panglima, 36000 Teluk Intan, Perak	
	B	社區道場	居林聯絡處			104, Kelang Lama, 09000 Kulim, Kedah Darul Aman, Malaysia.	
	B	社區道場	怡保支會			No 47, Jalan Raja Dr Nazrin Shah, 30250 Ipoh, Perak, 怡保靜思書軒	
	B	社區道場	武吉波汶聯絡點			Lot 7858, Mukim 14, Simpang Ampat, Daerah Seberang Perai Selatan,	

地區	AB	建築分類	名稱	啟用	據點戶數	代表地址	其他
	B	社區道場	本珍聯絡點			Pulau Pinang, Malaysia. c/o. No.3, Jalan Jaguh 1, Taman Harmoni 2, 81300 Skudai, Johor, Malaysia.	
	B	教育	峇六拜幼稚園			205, RainTree Garden 2, Persiaran Kelicap, 11900 Bayan Lepas, Pulau Pinang, Malaysia	
	B	人文	峇林吧轆靜思書軒			10, Jalan Susur Pantai Baru, Taman Pantai Baru, 83000 Batu Pahat, Johor, Malaysia.	
	B	社區道場	馬來西亞分會			316, Jalan Macalister, 10450 Pulau Pinang, Malaysia	
	B	社區道場	高淵聯絡點			13, Jalan Delima 2, Taman Penghulu Noor, Jalan Mahmud, 09100 Baling, Kedah Darul Aman, Malaysia	
	B	教育	高淵幼稚園			11, Lorong Pancur Mutiara 5, Taman Pancur Mutiara, 14300 Nibong Tebal, Pulau Pinang, Malaysia.	
	B	社區道場	曼絨區聯絡點			No 4, Taman Tok Perdana, Jalan Raja Omar, 32000 Sitiawan, Perak	
	B	社區道場	昆侖喇叭聯絡點			No 16a, Persiaran Rapat Baru 20, Taman Song Choong, 31350 Ipoh, Perak	
	B	社區道場	笨珍聯絡點			20,Jalan Pengangkutan,Medan Koop,82000,Pontian,Johor	
	B	人文	雪蘭莪靜思書軒			38 Jalan Awan Hijau Satu,Taman Oug,58200 Kuala Lumpur	
	B	社區道場	彭亨聯絡處			B-2 Ground Floor, Jalan Haiji Ahmad 3, 25300 Kuantan, Pahang. Malaysia. 彭亨靜思書軒	
	B	社區道場	登嘉樓聯絡處			142, Jalan Bandar, 20100 Kuala Terengganu, Terengganu, Malaysia	
	B	社區道場	華都亞也聯絡點			No 2b, Jalan Pandak Akhat, 31000 Batu Gajah, Perak	
	A	教育	檳城慈濟大學社推中心			316, Jalan Macalister, 10450 Pulau Pinang, Malaysia.	
	A	社區道場	柔佛巴魯支會	20070708		No.3, Jalan Jaguh 1, Taman Harmoni 2, 81300 Skudai, Johor, Malaysia 柔佛巴魯幼稚園、柔佛巴魯靜思書軒	
	B	社區道場	嘉慶園聯絡點			No 48, Jalan Pengkalan Barat 2, Taman Kar King, 31650 Ipoh, Perak	
	B	教育	檳城幼稚園			22, Jalan Khaw Sim Bee, 10050 Pulau Pinang, Malaysia.	
	B	醫療	檳城洗腎中心	19970803		19-B, Jalan Gottlieb, 10350 Pulau Pinang, Malaysia.	
	B	人文	檳城靜思書軒			31, Lebuh Pantai, 10300 Pulau Pinang, Malaysia.	
	B	社區道場	雙溪大年聯絡處			A-120(1st & 2nd Floor), Lorong Ria Indah 12, Taman Ria Indah, Jalan Kelab Cinta Sayang, 08000 Sungai Petani, Kedah Darul Aman, Malaysia.	
吉打分會							
	B	社區道場	日得拉聯絡處			25-26B, Pekan Jitra 2, 06000 Jitra, Kedah, Malaysia 日得拉靜思書軒	
	B	社區道場	吉打分會			535, Jalan Perak, Kawasan Perindustrian Mergong 2, 05150 Alor Setar, Kedah, Malaysia 吉打靜思書軒	
	A	教育	吉打幼稚園			26,Taman Desa，05050 Alor Setar Kedah	
	A	醫療	吉打日得拉慈濟洗腎中心	2002030		7535A, Jalan Perak, Kawasan Perindustrian Mergong 2,	

地區	AB	建築分類	名稱	啟用	據點戶數	代表地址	其他
	B	社區道場	波各先那聯絡點			05150 Alor Setar, Kedah, Malaysia.	
	B	社區道場	玻璃市聯絡處			514,taman Jebabang 3,taman Bandar Baru, 06400 Pokok Sena,alor Setar 18, Tingkat 3, Lorong Menanti, Jalan Bukit Lagi, 01000 Kangar, Perlis, Malaysia	
	B	社區道場	莪占必叻聯絡點			13,Tingkat Atas,Taman Desa Murni D,Guar Chempedak,Kedah.	
	B	社區道場	蘭卡威聯絡點			3A,Taman Sri Aman Baru,Jalan Padang gaong,07000 Langkawi,Kedah	
汶萊 (Brunei Darussalam)							
	B	社區道場	環保據點		1		
	B	社區道場	汶萊聯絡點			No. 12, 1st Floor Block A, Lot 7065 Jalan Jaya Negara, Kpg Pandan 4, Kuala Belait	
新加坡 (Republic of Singapore)							
	B	社區道場	環保據點		1		
	B	醫療	慈濟健檢暨義診中心			Blk 328, Jurong East Street 31, #01-138 Singapore 600328	
	B	醫療	慈濟義診中心	20040801Blk		90, #01-400, Redhill Close, Singapore 150090	
	A	社區道場	新加坡分會 (靜思堂)	200510---		巴西立社區，9 Elias Road Singapore 519937	新加坡分會社教教育推廣中心
越南 (Vietnam)							
	B	社區道場	越南聯絡處			138A Nguyen Van Troi St, P8, Phu Nhuan Dist, Hcmc, Vietnam	
柬埔寨 (Kingdom of Cambodia)							
	A	社區道場	柬埔寨聯絡點	19970724		Room 3, 2nd floor, No. 254 (IOC building), Street, Monivong Blvd, Boeung Rang Commune, 7 Makara District, Phnom Penh City, Cambodia	
	A	慈善	啟華小學	19970315		實居省烏廊縣	
	A	慈善	慈濟中文小學	199510---		實居省	
	A	慈善	慈濟村			國罕省．金邊市	原：公主華僑小學
泰國 (Kingdom of Thailand)							
	B	社區道場	環保據點 130				
	B	社區道場	泰國分會			322/207 Soi Yucharoen Rachadapisek 3 Rd. Dindaeng Bangkok	
	A	慈善	大愛屋	19950531	56	清萊省．皇太后縣．回賀	扶困。配套：給水、道路等公共設施。
	A	慈善	大愛屋	19950531	35	清萊省．密讒縣．萬偉鄉．滿噫拉	扶困。配套：給水、道路等公共設施。
	A	慈善	大愛屋	19960712	28	清邁省．芳縣．昌隆	扶困。配套：給水、道路等公共設施。
	A	慈善	大愛屋	19960712	11	清邁省．密埃縣．密懃拉	扶困。配套：給水、

地 區	AB	建築分類	名 稱	據點戶數	代表地址	啟用	其 他
							道路等公共設施。
	A	慈善	大愛屋	9	清萊省．清邁省．	1996——	扶困。
	A	慈善	大愛屋	18	清萊省．清邁省．	1996——	扶困。
	A	慈善	大愛屋	1	曼谷市夗巫拉拉納區	20130812	扶困。
	A	慈善	大愛屋	1	曼谷市菅鑾區（Suan Luang）	20110916	扶困。
	A	教育	清邁慈濟學校小學部		清邁省	20050516	
	A	教育	清邁慈濟學校中學部		No. 253 M.16 T.wiang A.fang Chiangmai 50110, Thailand.	20120531	
緬甸（Union of Myanmar）	B	社區道場	緬甸聯絡處		No.64 A/B,Ground Floor,ko Min Ko Chin Road,Bahan Township,Yangon,Myanmar.		
	A	慈善	大愛屋	744	坤仰公鎮（Kungyangon Township）桑比雅村	20081103	納吉斯風災
	A	慈善	仰光頂甘鐘第四中．小學		仰光市 Thingangyune	20100306	納吉斯風災．教室 15.
	A	慈善	雅倫第四高中			20130616	洗手間 3.禮堂 1
	A	慈善	馬場貢第一高中			20130616	納吉斯．教室 30.
	A	慈善	集會堂			20081103	辦公室 7.洗手間 18.禮堂 1 納吉斯風災
尼泊爾（Republic of Nepal）	A	慈善	寶拉衣慈濟村	300	勞特哈特縣．寶拉衣。	19950218	1993 年水患。每戶 -11 坪磚造、臥室、客廳、廚房，53 坪庭院供農耕或養豢養家畜，社區內有大面積公園、綠地、10 米及 20 米寬社區道路。
	A	慈善	巴當波卡里慈濟村	400	馬克萬普縣（Makwanpur）．巴當波卡里。	19950619	1993 年水患。每戶 -11 坪磚造、臥室、客廳、廚房，53 坪庭院供農耕或養豢養家畜，社區內有大面積公園、綠地、10 米及 20 米寬社區道路。
	A	慈善教	卡波卡里慈濟村	500	薩拉衣縣（Sarlahi）．敘卡波卡里（Sukhepokhari）。	19950218	1993 年水患。每戶 -11 坪磚造、臥室、客廳、廚房、53 坪庭院供農耕或養豢養家畜，左區內有大面積公園綠地、10 米

地區	AB 建築分類	名稱	啟用	據點戶數	代表地址	其他
	A 慈善	桑塔普慈濟村	19950218	600	勞特哈怕縣．桑塔普 (Mangoalpur)。	及 20 米寬社區道路。1993 年水患。每戶 -11 坪磚造，臥室、客廳、廚房，53 坪庭院供農耕或豢養家畜，社區內有大面積公園綠地，10 米及 20 米寬社區道路。
印度 (Republic of India)						
	B 社區道場	印度				
	A 慈善	大愛屋	20021023	227	古茉拉底省 (Gujarat) 安加爾 (Anjar) 可達達村 (Kotda)。	20010126 地震。配套：生計畫職訓中心。與法國關懷基金會 (CARE) 合作
斯里蘭卡 (Democratic Socialist Republic of Sri Lanka)						
	B 社區道場	環保據點		1	No: 213/17, William Jayasooriy Mw, Bandaragama Rd, Kesbwa, Sri Lanka	
	B 社區道場	可倫坡辦公室聯絡點				
	B 社區道場	漢班托塔辦事處聯絡點			Buddhist Compassion Relief Tzuchi Foundation, Tzu Chi Great Love Village, Siribopura, Hambantota, Sri Lanka	
	A 慈善	大愛屋	20060410	649	漢班托塔縣 (Hambantota) 實梨布普拉 (Siribopura)。	2004 南亞地震海嘯。配套：17.5 坪／戶，配套：學校、職訓所、托兒所、鄰里中心、大愛集會堂及醫療診所等公共設施。
	A 慈善	漢班托塔國立慈濟中學	20080105		漢班托塔	
伊朗 (Islamic Republic of Iran)						
	A 慈善	法泰咪耶 Fatemieh 學校	20070314		卡曼省．巴姆市	20031216 地震。
	A 慈善	阿達巴 (Adab) 學校	20070314		卡曼省．巴姆市	20031216 地震。
	A 慈善	茉塔哈莉 Motahari 學校	20070314		卡曼省．巴姆市	20031216 地震。
	A 慈善	納吉米耶 (Najmieh) 學校	20070314		卡曼省．巴姆市	20031216 地震。
	A 慈善	帕敏 Parvin Etesami 學校	20070314		卡曼省．巴姆市	20031216 地震。
土耳其 (Republic of Turkey)						
	A 慈善	大愛屋	20000108	300	歌儷市 (Golcuk)。	199908-- 地震。

地區	AB 建築分類	名稱	啟用	據點戶數	代表地址	其他
	A 慈善	德沙那小學（Tersane）	20000108		歇蠻市（Golcuk）199908--	11 坪/戶，一房一廳一衛浴、一廚房，社區配套：禮拜堂、公園、醫療室、醫療站和藍球場等公共空間。地震、4 間臨時教室
	B 社區道場	土耳其聯絡點			Solarkent Sites, B 2 Blok, D 87, Talapasa Mah,1048 Sokak, Esenyurt, Istanbul Turkey	
約旦（The Hashemite Kingdom of Jordan）						
	B 社區道場	約旦分會			P.O.Box 927210 Amman, Jordan 11110	
	A 教育	盲童育樂中心	20070904			
大洋洲 — 澳洲（Australia）						
	B 社區道場	環保據點		4		
	B 教育	布里斯本人文學校			Sunnybank State High Boorman St. Sunnybank QLD4109	
	B 教育	布里斯本聯絡處			No. 60, Rosebank Square, Salisbury, QLD 4107	
	B 教育	柏斯人文學校			20, Lucca St, Churchlands	
	B 社區道場	柏斯聯絡處			247 Fitzgerald St West Perth 6005	
	A 社區道場	黃金海岸聯絡處（靜思堂）	20090909		10 Byth St. Arundel, QLD4214	
	B 社區道場	墨爾本聯絡處			17 Ellingworth Pde., Box Hill Vic 3128	
	B 社區道場	澳洲分會			20-22 Glen Street, Eastwood, NSW 2122 Australia	
	B 教育	澳洲分會人文學校			Burwood Girls High School, Croydon, NSW (Cnr Cheltenham Rd and Queen St Croydon)	
紐西蘭（New Zealand）						
	B 社區道場	環保據點		1	9 Springs Road, East Tamaki, Auckland	
	B 社區道場	紐西蘭分會				
	B 社區道場	漢彌頓聯絡處			11 Halcione Close, Flagstaff, Hamilton	
歐洲 — 瑞典（Kingdom of Sweden）						
	B 社區道場	瑞典			Sankt Olofsg. 67, S-417 28 Goteborg, Sweden	
挪威（Kingdom of Norway）						
	B 社區道場	挪威				
丹麥（Denmark）						
	B 社區道場	丹麥			Strandparken 64, Faldsled DK- 5642 Millinge, Denmark	

343

地區	AB 建築分類		名稱	啟用	據點戶數	代表地址	其他
德國 (Germany)							
	B	社區道場	法蘭克福				
	B	社區道場	漢堡聯絡點			Kurzem hren 6, Hamburg-Mitte 20095 Hamburg, Germany	
	B	社區道場	慕尼克				
奧地利 (Austria)							
	B	社區道場	奧地利			Ziegelhofstrasse 84A/Haus 10 A-1220 Wien Austria	
荷蘭 (Holland)							
	B	社區道場	荷蘭			Vechtensteinlaan 74 3601CL Maarssen The Netherlands 3601 CL Maarssen Holland	
英國 (United Kingdom of Great Britain and Northern Ireland)							
	B	社區道場	英國聯絡處			198 Whittington Way, Pinner, HA5 5JY, UK	
法國 (French Republic)							
	B	社區道場	法國聯絡處			19 Rue Auguste Perret 75013 Paris	
非洲—							
辛巴威 (Zimbabwe)							
	B	社區道場	辛巴威聯絡處南非分會			28 Cranleigh Road Hatfield Harare Zimbabwe	
	A	慈善	自由小學	20120727		首都哈拉雷（Harare）郊區	7間簡易教室
南非（Republic of South Africa)							
	B	社區道場	環保據點		11		
	B	社區道場	布魯芳登聯絡點			Bloemberg No.2, Adries Pretorius Street 124, Waverly, Bloemfontein, 9301, RSA	
	B	社區道場	伊麗沙伯港聯絡點			45 Galphin street Summerstrand P.E	
	B	社區道場	東倫敦聯絡點			89 Currie Street Quigney East London South Africa	
	B	社區道場	南非分會			26 Riley Road, Bedfordview, Gauteng, South Africa	
	B	社區道場	約堡聯絡處			No.26 Riley Road,Bedfordview, Johannesburg, R.S.A	
	B	社區道場	普多利亞聯絡點			501 Teresa St. The Willows Pretoria, RSA	
	B	社區道場	開普敦聯絡處			31 Mahogany Street Tygerberg Heuwels 7530 Cape Town	
	B	社區道場	雷地史密斯聯絡點			13 Cove Cresent, Ladysmith 3370 R.S.A	
	B	社區道場	德本聯絡處			125 Kensington Drive, Durban North, 4051, Durban , South Africa	「德本孤兒社區中心」建設項目
	A	社區道場	恩辛比尼社區中心	20120513		德本	
	A	社區道場	恩塔班庫魯社區中心	20120513		德本	
	A	社區道場	瑪頓杜貝社區中心	20120513		德本	
	A	慈善	大愛屋	20000811	69	約翰尼斯堡．亞歷山大（Alexsandra）。	水患。配套：遊樂場、福利社、電話亭、公廁衛浴、活動中心。

地區	AB	建築分類	名稱	啟用	據點戶數	代表地址	其他
	A	慈善	屋谷沙凱小學與托兒所	19971118		伊權凱尼‧屋谷沙凱（Vuku Zakhe）‧聖查得村（St.Chad）	(Mthandi C F School MTHAND PIETER)
	A	慈善	泰地小學	199903--			(Umndeni Vuoxolo C P School FIETER)
	A	慈善	屋丹尼小學	199912--			(Mhlangarvelwa C P School HOPSLAND)
	A	慈善	蘭根雅瓦小學	200010--			(Makhonyana C P School BURFORD)
	A	慈善	馬克洪雅納小學	200103--			THEMBUMZAMO PRIMARY SCHOOL)
	A	慈善	殯布莎母小學	200110--			(Thembisizwe Fiamary school & Thembisizwe creche)
	A	慈善	坦比西威小學與托兒所	200407--			
莫三比克 (Mozambique)							
	B	社區道場	莫三比克（南非分會）			Av. Friedrich Engels, n223, 2 Andar, Maputo, Mozambique.	
賴索托 (Lesotho)							
	B	社區道場	賴索托聯絡處（南非分會）			Site No. 9 Maseru Industrial Area, Maseru Lesotho	
衣索比亞（Federal Democratic Republic of Ethiopia）							
	A	醫療	岱柏柏罕公立醫院	20000530		岱柏柏罕鎮	慈濟基金會和世界醫師聯盟（M.D.M.）合作擴建手術室、分娩室、血庫、X光機房、廁所、修整病房。
	A	醫療	醫療中心			2North Shoa 省 Menz and Gishe Awraj 縣	慈濟基金會和世界醫師聯盟（M.D.M.）合作重建
	A	醫療	醫療站			15North Shoa 省 Menz and Gishe Awraj 縣	慈濟基金會和世界醫師聯盟（M.D.M.）合作重建
美洲一							
	B	社區道場	環保據點 4				
加拿大 (Canada)							
	B	社區道場	加拿大分會（靜思堂）	20000614		8850 Osler St. Vancouver B.C. Canada, V6P 4G2	
	B	社區道場	卡加利聯絡點			14536 Parkside Drive SE Calgary Alberta T2J 4J8 Canada	
	B	教育	本拿比人文學校			4433 Moscrop Street, Burnaby	
	B	教育	列治文人文學校			4151 Jaccombs Rd. Richmond Richmond BC CANADA (Cambie Secondary School)	
	B	教育	多倫多人文學校			2300 Pharmacy Ave, Scarborough	
	B	社區道場	多倫多支會			3636 Steeles Ave. E. #313, Markham, ON. L3R 1K9, Canada	
	B	社區道場	西多倫多聯絡處			5555 Eglinton Ave. Toronto	
	B	教育	素里人文學校	20030910		North Surrey Secondary School 15945 96 Avenue, Surrey	
	B	教育	高貴林人文學校			2525 Como Lake Ave. Coquitlam	
	B	教育	密西沙加人文學校	20040917		11324 Lorne Park Rd. Mississaugake, ON M9C 5M1	

地區	AB	建築分類	名稱	啟用	據點戶數	代表地址	其他
	B		社區道場	渥太華聯絡點			21Antares Drive, Unit123, Ottawa, Ont. K2E 7T8	
	B		社區道場	愛民頓聯絡點			9425 109A Avenue Edmonton, Alberta, Canada T5H 1G1	
	B		教育	溫哥華人文學校			6360 Maple St,Vancouver BC V6M 4M2	
	B		社區道場	蒙特婁聯絡處			Suite 1, 3988 Wellington Rue, Verdun, QC, Canada H4H 1V8	

美國（United States）

	AB	建築分類	名稱	啟用	據點戶數	代表地址	其他
	B		社區道場	環保據點		21		

紐約分會

	AB	建築分類	名稱	啟用	代表地址	其他
	B		社區道場	波士頓聯絡處	15 Summer street, Newton, MA02464	人文學校、靜思小築
	B		社區道場	長島支會	60 E. Williston Ave, East Williston, NY 11596	人文學校
	B		教育	紐約分會	137-77 Northern Blvd, Flushing, New York 11354	人文學校、靜思書軒
	B		社區道場	曼哈頓聯絡處	34 Howard St., New York, NY 10013	靜思小築

新澤西分會

	AB	建築分類	名稱	啟用	代表地址	其他
	B		教育	中部人文學校	150 Commerce Road Cedar Grove NJ 07009	
	B		社區道場	匹茲堡聯絡處	1333 Barksville Road, Suite #201 Pittsburgh PA 15216	匹茲堡人文學校
	B		教育	北部人文學校	150 Commerce Road, Cedar Grove, NJ 07009	
	B		社區道場	費城聯絡處	107 North 9th Street Philadelphia, PA 19107	費城靜思小築
	B		社區道場	新澤西中部聯絡處	17 round hl Holmdel,N.J.07733	
	A		社區道場	新澤西分會（靜思堂）	20060311	150 Commerce Road Cedar Grove, NJ. 07009	新澤西靜思書軒、人文學校

華府分會

	AB	建築分類	名稱	代表地址
	B		社區道場	北卡羅萊納州夏洛特聯絡處	4527 Dwight Evans Rd, Charlotte, NC 28217
	B		社區道場	洛麗聯絡處	700 Parkthrough St. Cary .N.C 27513
	B		教育	華府人文學校	7100 Whittier Blvd. Bethesda, MD 20817
	B		社區道場	華府分會	1516 Moorings Drive, Reston, Va 20190
	B		社區道場	瑞其蒙聯絡處	13305 Teasdale Court, Richmond VA 23233

芝加哥分會

	AB	建築分類	名稱	啟用	代表地址
	B		社區道場	印城聯絡處	20050414	2929 East 96th Street, #E Indianapolis, IN 46240
	B		社區道場	克裡夫蘭聯絡處		1076 Ford Road, Highland Heights, OH 44143
	B		社區道場	辛辛那提聯絡點		1617 1/2 W. Galbraith Rd, Cincinnati, Ohio 45239
	B		社區道場	底特律聯絡處		2122 15 Mile Road, Suite A, Sterling Heights, MI48310
	B		社區道場	明尼蘇達聯絡點		1586 Coventry Lane,Shakopee,MN 55379
	B		教育	芝加哥人文學校		1430 Plainfield Road, Darien, IL 60561
	B		社區道場	哥倫布聯絡處		2200 Henderson Rd. Columbus OH 43220
	B		社區道場	麥迪森聯絡點		726 W. Main St., Apt#302, Madison, WI 53715
	B		社區道場	聖路易聯絡處		8515 Olive Blvd. St. Louis, MO 63132

地區	AB建築分類	名稱	啟用	據點戶數	代表地址	其他
	B 社區道場	德頓聯絡點			1459 East Dorothy Lane, Dayton, OH 45429	
	B 社區道場	蘭幸聯絡處			2001 Valley Brook, Okemos, Mi 48864	
達拉斯分會	B 社區道場	阿靈頓聯絡處			2206 S Collins St Suite A Arlington TX 76010	阿靈頓靜思小築
	B 社區道場	堪薩斯聯絡點			16765 W 156 Terrace Olathe KS 66062	
	B 社區道場	奧克拉荷馬聯絡點			2417 N Classen Blvd. Oklahoma City OK 73106	
	B 社區道場	達拉斯分會			534 W Belt Line Road Richardson TX 75080。	達拉斯人文學校、達拉斯幼稚園、達拉斯靜思書軒
德州分會	B 教育	休士頓人文學校			6200 Corporate Dr. Houston, TX 77036	
	B 社區道場	亞特蘭大支會			2000 Clearview Ave #100,Atlanta GA 30340	
	B 教育	亞特蘭大人文學校			2000 Clearview Ave, Donaville, GA 30340	
	B 社區道場	紐奧良聯絡點			3300 Airline Dr., Metairie, LA 700001	
	B 社區道場	康福聯絡處			P.O. Box 700, 201 Formosa Dr. Point Comfort,TX 77978	
	B 社區道場	奧斯丁聯絡處			7221 Northeast Dr. Austin TX78723	
	B 社區道場	奧蘭多聯絡處			5401 Alhambra Drive, Suite A, Orlando, Fl 32808, USA	
	B 社區道場	聖安東尼聯絡點			19179 Blanco RD. #109-2, San Antonio, TX78258	
	A 社區道場	德州分會			6200 Corporate Dr., Houston, TX 77036	
	B 社區道場	邁阿密聯絡處			8070 Pasadena Blvd, Pembroke Pines, FL 33024	
北加州分會	B 社區道場	土德頓聯絡點			1212 W Robinhood Dr, #3D, Stockton CA 95207	
	B 社區道場	尤開雅聯絡點			527-B South State St,Ukiah,95482	聖荷西人文學校、
	B 社區道場	北加州分會			2355 Oakland Road, San Jose CA 95131	三合人文學校、
	B 教育	西雅圖人文學校			1a. Tillicum Middle School, 16020 S.E. 16th St, Bellevue, WA 98008	
	B 社區道場	西雅圖支會			12639 NE 85th St. Kirkland WA 98033	
	B 社區道場	佛瑞斯諾聯絡處			7421 N Maple Ave, Fresno, CA 93720	
	B 社區道場	沙加緬度聯絡處			3401 Freeport Blvd. Suite 101, Sacramento, CA 95818	
	B 教育	庫苔堤諾人文學校			1280 Johnson AVE, San Jose, CA 95129	
	B 社區道場	莫德斯度聯絡處			1100 Carver Road, # J Modesto, CA. 95350	
	B 社區道場	奧克蘭聯絡處			425A International Blvd. Oakland CA 94606	
	B 教育	聖馬刁人文學校			2675 Ralston Avenue, Belmont, CA 94002	
	B 社區道場	聖塔羅莎聯絡點			1615 Cleveland Ave. Santa Rosa, CA 95401	

地區	AB 建築分類	名稱	啟用	據點戶數	代表地址	其他
	B 社區道場	雷諾聯絡點			3388B Lakeside Ct., Reno,NV 89509	
	B 教育	三藩市人文學校	20050911		350 Girard Street, San Francisco, CA 94134	
	B 社區道場	三藩市支會			2901 Irving Street, San Francisco,CA 94122	
美國總會						
	A 慈善	大愛屋	2003--	1	亞利桑那州鳳凰城	扶困
	B 社區道場	西北洛杉磯聯絡處			8963 Reseda Blvd Northridge CA 91324	
	B 社區道場	西洛杉磯聯絡處			11701 Wilshire Blvd. #7, Los Angeles, CA 90025	
	B 社區道場	拉斯維加斯聯絡處			2590 Lindell Road, Las Vegas, NV 89146	
	B 社區道場	南洛杉磯聯絡處			1355 Broad Ave, Wilmington, CA 90744	
	B 醫療	南愛滿地社區門診中心	20050901		10408 Vacco St., S. El Monte, CA 91733	
	B 慈善	威明頓慈濟輕安居	20051103		1355 Broad Ave, Wilmington, CA 90744	
	B 教育	洛杉磯人文學校			220 E. Palm Ave, Monrovia, CA 91016	
	B 社區道場	美國總會（靜思堂）	19900217		1100 S. Valley Center Ave, San Dimas, CA 91773	聖迪瑪斯人文學校
	B 醫療	美國醫學中心			1000 S Garfield Ave. Alhambra, CA 91801	
	B 社區道場	喜瑞都聯絡處			14618-14620 Carmenita Road, Norwalk, CA. 90650	
	B 社區道場	新墨西哥州聯絡處			839 Nakomis Dr. N.E., Albuquerque, NM 8712	
	B 社區道場	聖地牙哥聯絡處			Suite 202, 5754 Pacific Center Blvd, San Diego, CA 92121	
	B 社區道場	聖救愛滿地聯絡處			9620 Flair Dr., El Monte, CA 91731	靜思書軒
	A 教育	加州蒙羅維亞幼稚園	20060912		206 E. Palm Ave, Monrovia, CA, 91016（Monrovia）	
	B 社區道場	鳳凰城聯絡處			2145 W. Elliot Rd. Chandler AZ. 85224	
	B 社區道場	墨西加利聯絡處			101 W. Hacienda Dr. #11, Calexico, CA 92231	
	B 社區道場	橙縣聯絡處			22911 Mill Creek Dr.,Laguna Hills, CA 92653	爾灣人文學校
夏威夷分會						
	B 社區道場	夏威夷分會			1238 Wilhelmina Rise, Honolulu, HI 96916	義診中心、人文學校
海地（Republic of Haiti）						
海地	A 社區道場	海地				
	A 慈善	聖恩修女會瑪利安中學	20130517			2010年1月百年強震，三校校地相建．總樓地板面積8540m2．海地最大之鋼構建築．防震符合加勒比海地區建築標準．雨水回收．自然通風．水土保持。
	A 慈善	聖恩修女會瑪利安小學	20130517			因2010年1月百年強震，三校校地相建，
	A 慈善	主耶穌秘書學校	20130517			因2010年1月百年強震，三校校地相建。

地區	AB	建築分類	名稱	據點戶數	代表地址	啟用	其他
多明尼加 (the Dominican Republic)							
	A	慈善	大愛屋	50	紐易夫	2011C620	帳棚區 + 簡易屋
	B	社區道場	環保據點				
	B	社區道場	多明尼加聯絡處		Av. Romulo Betancourt No. 952, Plaza J.M. Mirador Norte, Domingo, Rep. Dom		
	A	慈善	拉羅馬那慈濟中小學	1	拉羅馬那（La Romana）省。	200002--	1998 年養治颶風，教室 14 間、圖書館、樂器、運動場、福利社。
荷屬聖馬丁 (Sint Maarten)							
	B	社區道場	聖馬丁聯絡點		#18 LB Scott Rd. Cul De Sac St. Maarten W.I. Netherlands		
墨西哥 (Mexicano)							
	B	社區道場	墨西哥聯絡處		提娃娜市．瑪瑞塔山區		貧困，教室 10 間、運動場、廁所及孩童
	A	慈善	Marita 慈濟小學			19961112	
瓜地馬拉 (Republic of Guatemala)							
	B	社區道場	瓜地馬拉聯絡處				
	B	社區道場	瓜地馬拉聯絡點		16 Calle, 6-18, Zona 1, Guatemala City, Guatemala, C.A.		
	A	慈善	社區兒童活動中心			20030120	San Augustine
	A	慈善	瓜地馬拉東方小學		（Escuela Primaria Villas de Oriente）	20101010	
宏都拉斯 (the Republic of Honduras)							
	B	社區道場	宏都拉斯				
	A	慈善	大愛屋	160	喬盧迪卡省馬可比雅市蒙哈拉斯村	20131229	水患．永久屋．依人數分 9 及 12 坪．加強通風．防風、防震．墊高地基。
薩爾瓦多 (Republic of El Salvador)							
	B	社區道場	薩爾瓦多聯絡點		Kml123.5 Carretera DE Santa Ana Hacia San Salvador Colonia Las Moras Contiguo A Millersal Lourdes Colon LA Libertad		
	A	慈善	大愛屋	340	自由省．薩卡哥友市 (Sacacoyo)	20010811	地震．配套：活動中心、足球場、診所、學校。
	A	慈善	慈濟一村慈濟中小學	1	自由省．薩卡哥友市 (Sacacoyo)	200301--	大愛農場教室、職訓中心、地震．教室 12 間、電腦教室、行政辦公室、籃球埸、菜園、花果實驗區、自來水塔、廁所、洗手台。

地區	AB	建築分類	名稱	啟用	據點戶數	代表地址	其他
	A	慈善	大愛屋	20031031	835	自由省．鄉米可市（Chanmico）	地震。教室 18 間、圖書館、行政辦公室、電腦教室、籃球場、廚房、菜園、花果實驗區、廁所、洗手台（San Juan La Ceiba）
	A	慈善	慈濟二村慈濟中小學	200403--	1	自由省．鄉米可市（Chanmico）。	地震。配套：活動中心、足球場、診所、學校、大愛農場教室、職訓中心、
	A	慈善	大愛屋	20120222	19	黃金社區	水患。簡易屋、
	A	慈善	大愛屋	20111217	66		水患。簡易屋、
	A	慈善	木棉村小學	20090722		Ahuachapan 省。	加蓋教室、辦公室、廚房、庫房各 1 間。
哥斯大黎加（Costa Rica）							
	B	社區道場	哥斯大黎加			Apdo. 655-2150 Moravia, SanJose, Costa Rica, c.a.	
哥倫比亞（Republic of Colombia）							
	A	慈善	大愛屋		154	卡拉卡市（Calarca）	地震。簡易屋
巴西（Brasil）							
	B	社區道場	巴西裡約聯絡點			Rua Gerson Ferreira 160 - Ramos - Rio de Janeiro - Rj - Brasil	
	B	社區道場	巴西聯絡處			Rua Correia Dias, 516, Paraiso, Sao Paulo, SP, Brazil, CEP 04104-001	
秘魯（República del Perú）							
	A	慈善	大愛屋	1998--		100 南巴即給省契克拉由縣	
玻利維亞（Plurinational State of Bolivia）							
	B	社區道場	玻利維亞			AV. Cristobal De Mendoza No.1265 Santa Cruz Bolivia S.A	
巴拉圭（Paraguay）							
	B	社區道場	亞松森聯絡處			4686 Guanes, C/Dr. Nestor Esculies y Felix Bogado,Barrio Lambare, Asuncion,Paraguay	
	A	慈善	亞松森聖約翰保迪斯小學	200311--			教室 3 間，慈濟道侶第 435 期
	A	慈善	亞松森市雅瓜隆小學	200311--			教室 3 間、慈濟道侶第 435 期
	B	社區道場	東方市聯絡處	200010--		Edificio Globo No.17 C.D.E Paraguay	教室、辦公室、操場、圖書館、廁所、洗手台，
	A	慈善	Caatymili 部落希望小學				慈濟道侶第 435 期。

地區	AB	建築分類	名稱	啟用	據點戶數	代表地址	其他
	A	慈善	Kirito 希望小學	20020303		巴拉圭．印地安村第四部落 .Kirito	慈濟道侶第 435 期
	A	慈善	Mariscallopez 部落希望小學	200308---			慈濟道侶第 435 期
	A	慈善	Ka'a yovay 部落希望小學	200402--			慈濟道侶第 435 期
阿根廷 (Argentina)							
	B	社區道場	阿根廷聯絡處			Angel Gallardo 24 CAP. FED. BS. AS. Argentina	
智利 (Chile)							
	B	社區道場	環保據點		1		
	B	社區道場	奇揚聯絡點			5 DE Abril 535 Chillan Chile	
	B	社區道場	聖地牙哥聯絡處			Hermanos Cabot 6740 Dpto171, Santiago, Chile	

項次說明：(詳臺灣)

慈濟建築及其宗教精神

作　　　者／林文成
圖　　　片／慈濟基金會、林文成建築師事務所、Alberto Buzzola
發　行　人／王端正
總　編　輯／王志宏
叢書主編／蔡文村
叢書編輯／何祺婷
美術指導／邱宇陞
校對志工／章麗玉、林芳臻
出　版　者／經典雜誌
　　　　　　財團法人慈濟傳播人文志業基金會
地　　　址／台北市北投區立德路二號
電　　　話／02-2898-9991
劃撥帳號／19924552
戶　　　名／經典雜誌

製版印刷／禹利電子分色有限公司
經　銷　商／聯合發行股份有限公司
地　　　址／新北市新店區寶橋路 235 巷 6 弄 6 號 2 樓
電　　　話／02-2917-8022

出版日期／2018 年 3 月初版
　　　　　　2018 年 8 月再版一刷
定　　　價／新台幣 450 元

國家圖書館出版品預行編目資料

慈濟建築及其宗教精神 ╱ 經典雜誌編著. --
初版. -- 臺北市：經典雜誌, 慈濟傳播人文志
業基金會, 2018.02
352面 ; 23×17公分
ISBN 978-986-6292-95-8(平裝)

1.慈濟 2.慈濟建築 3.靜思精舍 4.靜思堂
5.希望工程 6.慈濟醫院 7.慈濟學校

548.126　　　　　　　107001521